WIE DAHEIM GEKOCHT

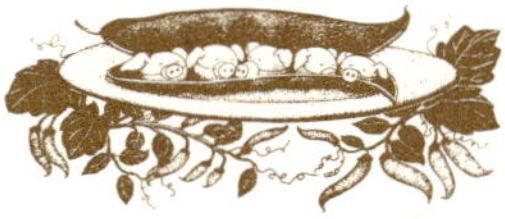

Alemannischer Küchenzettel
aufgeschrieben von
Dorothea Werner

mit Zeichnungen
von Irmtraut Teltau

WIE DAHEIM GEKOCHT

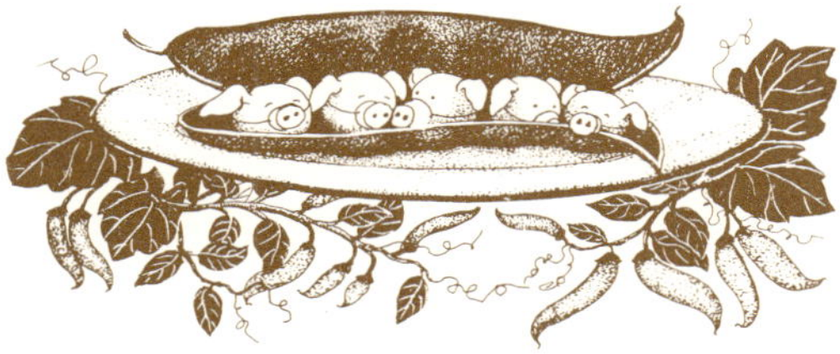

Alemannischer Küchenzettel
aufgeschrieben von
Dorothea Werner

mit Zeichnungen
von Irmtraut Teltau

VERLAG ROMBACH
FREIBURG

Herstellung im Rombach: Druckhaus KG,
Freiburg im Breisgau
Umschlagentwurf: Thomas Scherer
Layout: Andreas Schleer
Printed in Germany
ISBN 3-7930-0494-5

Zur Einführung

Dieses Kochbuch ist eigentlich aus einer erfreulichen Not entstanden. Denn welche Mutter ist nicht froh, wenn ihre Kinder, haben sie das »Nest« verlassen, die Kochkünste »wie daheim« in angenehmer Erinnerung bewahren. Und so kam es dann dazu:

Einen meiner Söhne hat es nach Norddeutschland verschlagen, und dort wollte er seinen neuen Freunden »Wiedaheim«-Gekochtes vorlegen. Mit schöner Regelmäßigkeit schellte daher Sonntag morgens bei mir das Telefon, wenn er wieder mit etwas nicht zurechtkam. Also ging ich immer wieder auf die Suche nach Kochbüchern, in denen die Gerichte enthalten wären, die wir in unserem badisch-alemannischen Raum kochen. Da fand ich tatsächlich wunderschöne Bücher, und in dem einen stand dies, im anderen jenes, aber ich mußte auch feststellen, daß eben doch das meiste nur in den schön gebundenen und arg zerlesenen, oft handgeschriebenen Kochbüchern der Groß- und Urgroßmütter zu finden ist – und die wollte ich nicht aus der Hand geben. Übrigens: Wer kann denn noch die wie gestochen geschriebene deutsche Schrift lesen, wer die alten Maße und Gewichte umrechnen?!
Außerdem weisen alle die alten und neuen Rezeptsammlungen eine gemeinsame Schwierigkeit auf: Die Verfasser konnten sich nicht vorstellen, wie »ungebildet« viele Zeitgenossen in küchentechnischen Begriffen und Bezeichnungen sind! Das habe auch ich erst gemerkt, als Anrufe kamen, wie: »Was muß man denn bei Krautwickeln *löschen?«* und ähnliche.

So habe ich mich halt hingesetzt und alles aufgeschrieben, was wir hierzulande so kochen. Ich hatte dabei immer den zwar allerungeübtesten, aber wissenshungrigen Laien vor Augen, weshalb ich alle Fachausdrücke gleich eingangs erkläre. Und als ich so richtig in Fahrt war, konnte ich meinen Oberländer Ehrgeiz nicht mehr bremsen und habe die selteneren und komplizierteren Gerichte auch dazugenommen, die man nach dem Motto: »... dann kommt die Liebe, und es ist geschafft«, auch fertigbringen kann. Allerdings bin ich der Überzeugung, daß es eine ebenso große Kunst ist, wirklich gute *Brägel* zu machen wie einen raffinierten Braten!

Bei mir sind aus der Familie viele Kochbücher zusammengekommen. Sie stammen aus dem Markgräfler Oberland, aus dem Schwarzwald, der Rheinebene und vom Bodensee. Aus allen habe ich meiner großen Familie gekocht, und einer langen Reihe von Haushaltslehrlingen habe ich die Rezepte beigebracht. Aus Bauern-, Handwerker-, Beamten- und Kaufmannsfamilien stammen sie; nirgendwo lebte man »auf großem Fuß«, aber gastfreundlich und festfreudig müssen alle gewesen sein und neugierig und experimentierfreudig auch. Und da wir Alemannen ja keine Stubenhocker sind, gibt's bei uns Gerichte, die durchaus nicht hier erfunden wurden. Schließlich waren wir ja gebietsweise lange französisch oder österreichisch, was unseren Küchenzetteln sicher nicht geschadet hat! Diese Errungenschaften sind allerdings durch die heimatlichen Grundstoffe oft so der angestammten Küche angeglichen worden, daß die Urheber sie kaum mehr wiedererkennen würden – aber so schmeckt's uns halt.

Auf manche Gerichte erheben auch unsere schwäbischen Nachbarn Erfinderrechte – doch wer da wem in die Töpfe geguckt hat, soll keine Streitfrage sein. Bei der Gründung des Südweststaates wurde hoffentlich auch das beschlossen. Über den Rhein, vom Elsaß wie von der Schweiz, sind die alemannischen Liebhabereien fast austauschbar; sind doch Staatsgrenzen keine Geschmacksgrenzen. Da kann auch der große Fluß nichts dagegen machen.

Man wird bald merken, daß manche Speisen weiter verbreitet sind, während andere sozusagen »ortsgebunden« blieben. Das kommt daher, daß die bäuerliche Küche früher ziemlich autark war, d. h., es wurde aus den Zutaten gekocht, die man selbst produzierte oder züchtete oder die in der nahen Umgebung zu erjagen oder zu kaufen waren. Im ganzen ist unsere Ecke ja vielseitig: im Schwarzwald die

Hochwälder mit Wild, Pilzen und Beeren, dazwischen die riesigen Weideflächen, die Seen und Forellenbäche; in den Höfen die Räucherkammern, mit Tannenholz beschickt und wacholdergewürzt, mit den Butterfässern, den Rahm- und Käsemulden und dem weit herumstreunenden Federvieh; nicht zu vergessen die Backhäusle!
Und unten in der Rheinebene und »am See« Wein- und Obstgärten, Schweine, die große Weiden durchwühlen dürfen, Nußbäume, Eßkastanien und Mais, Getreide und Gemüse, Gänse und Enten im Teich, Fasanen, Rebhühner und Wildschweine in den Feldern und Fische im Rhein und im Bodensee!
Da war es nicht gerade eintönig, was die Küchen zu bieten hatten. Auf viele dieser Genüsse »aus dem Eigenen« müssen wir heute verzichten. Und es entschädigt kaum, daß uns die Produkte der ganzen Welt angekarrt werden.
Die vielen guten Kochbücher, die es gibt, kann und soll meine Rezeptsammlung nicht ersetzen. Vielleicht verhelfen meine Erklärungen jedoch dazu, daß die ungeübten Köche besser mit ihnen umgehen können. Worauf es mir ankommt ist, die Gerichte zusammenzutragen, die in der Region und in den Familien Tradition haben.
Oft hat man ja von einem Essen, das man mag, nur den Geschmack und das Aussehen in Erinnerung und weiß leider nicht, was man dazu braucht und wie's gemacht wird. Deshalb kommen hier auch in der Hauptsache die einfachen bäuerlich-bürgerlichen Essen vor. Es bleibt alles weg, was überall gekocht wird und in jedem guten Kochbuch zu finden ist.

»Wiege ab und lege bereit . . .«, so fangen die alten Rezepte oft an. Es hat zwar bei mir auch eine Weile gedauert, bis ich eingesehen habe, daß diese Aufforderung auch heute noch sinnvoll ist. Unterdessen weiß ich aber längst, wie viele Fehler, Pannen und Verluste zu vermeiden sind, wenn man sich alles richtet, was für die Herstellung einer Speise gebraucht wird. Der kleine Zeitaufwand für das Bereitstellen wird durch die zügige Abwicklung des eigentlichen Kochens, die Schonung der Nerven und die Energieersparnis reichlich ausgeglichen. Die Küche sieht auch nicht wie ein Schlachtfeld aus: Man behält die Übersicht und den

Spaß am Tun. Und was für alle Tätigkeiten gilt, stimmt auch fürs Backen und Kochen: Ohne Freude gelingt alles nur halb so gut. Deshalb schreibe ich ein Grundrezept auf, das für alles gilt:

Man nehme 12 Monate, putze sie ganz sauber von Bitterkeit, Pedanterie und Angst und zerlege jeden in 30 oder 31 Teile, so, daß der Vorrat genau für ein Jahr reicht. Jeder Tag wird einzeln angerichtet aus 1 Teil Arbeit und 2 Teilen Frohsinn und Humor. Man füge 3 gehäufte Eßlöffel Optimismus hinzu, 1 Teelöffel Toleranz, 1 Körnchen Ironie und 1 Prise Takt. Dann wird die Masse sehr reichlich mit Liebe übergossen. Das fertige Gericht garniere man mit einem Sträußchen Aufmerksamkeiten und serviere es mit Heiterkeit.

Eine Schwierigkeit beim Kochen eines normalen vollständigen Mittagessens mit Suppe, Fleisch, Beilagen, Gemüse, Salat und vielleicht noch einem Nachtisch läßt sich allerdings durch das Vorbereiten nicht ganz aus der Welt schaffen: Wie bekommt man alles rechtzeitig, heiß und in bestem Zustand auf den Tisch? Da hilft es nicht viel, Garzeiten anzugeben, denn die hängen auch von Qualität und Quantität des Kochguts ab. Da müssen Organisationstalent und auch Erfahrung dazukommen. Wer beim Kochen nichts denken mag, kann nichts Gutes zustande bringen. Fast kein Gericht hält lange Wartezeiten unbeschadet aus! Bevor man mehrstöckige Festmenüs anpackt, sollte man mit bescheideneren Essen rausfinden, wie der Ablauf in der eigenen Küche klappen kann.

Alle Rezepte in Übersicht

Suppen

Brotsuppe 30
Eierstichsuppe 29
Flädlesuppe 28
Fleischbrühe 26
Fleischbrühe, kalte 27
Graupensuppe 30
Grießklößlesuppe 28
Grießsuppe, geröstete . . . 26
Grünkernsuppe 25
Grünsbrühe 26, 27
Kartoffelsuppe 24
Markklößlesuppe 25
Mehlsuppe, gebrannte . . . 33
Nudelsuppe 27
Riebelesuppe 28
Sauerampfersuppe 32
Schneckensuppe 31
Schneckensuppe, gebundene 31

Vorspeisen

Forellenfilet, geräuchert . . 35
Hechtklößli, Basler 108
Pastetle 37
Schnecken 36

Vesper

Bibeliskäs 42
Elsässer Wurstsalat 44
Gallertteller 41
Hofsgrunder Käsle 43
Holzbrettvesper 44
Kutteln oder Sulz, geröstet . 40
Kutteln oder Sulz, sauer . . 40
Leberle, geröstet 39
Leberle, sauer 39
Münsterkäs 42
Nierle, sauer 40
Ochsenmaulsalat 44
Rettich, gesalzen 43
Schwartenmagen 45
Speck 45
Suressen (Saueressen) . . . 160
Wurstaufschnitt 45

Kartoffeln

Bauernfrühstück 49
Berner Röschti 50
Blättle, aufgezogene 56
Blättle, saure 51
Brägel (Bratkartoffeln) . . 48, 55
Bratkartoffeln, geriebene . 49
Brühkartoffeln 54
Herdöpfelschnitz 54
Kartoffelküchle 52
Kartoffelstock 54
Kümmelkartoffeln 50
Rahmkartoffeln 50
Rohgebratene 55
Schupfnudeln 52
Schweller 48

Eintöpfe und salzige Aufläufe

Beckenofen 66
Erbsen mit Speck 61
Erbsen mit Schweinsohr . 61
Käseauflauf 65
Linsen mit Würstle 60
Maultaschen 62
Nudelsuppe mit Rindfleisch 62
Pfannenkuchen, gefüllt und überbacken 64
Schinkenmakkaroni 63
Schwarzwurzelauflauf . . . 124
Spinatauflauf 64
Weiße Bohnen mit Speck . . 62

Mehlspeisen

Äpfel im Schlafrock 80
Apfelküchle 79
Apfelpfannenkuchen 74
Apfelrösti 79
Apfelstrudel 69
besoffene Jungfern 78
Bettelmann 78
Dampfnudeln 81
Dinni 84
Dumis 73

Eierhaber oder Kaiserschmarrn 73
Grießklöße 74
Grießschnitten, römische . 75
Grünkernküchle 75
Holder Küchle 72
Kartäuserklöße 78
Kässpätzle 71
Kirschenjockel 76
Kirschenpfannenkuchen . . 74
Kirschenplotzer 81
Knöpfle 71
Kratzede 73
Nudelberg 68
Nudeln 68
Ofenschlupfer 77
Pfannenkuchen 71
Reis 76
Reisring 77
Spätzle 69
Zwetschgenknödel 83

Fleischspeisen

Blut- und Leberwürste . . . 98
Bratwürste 98
Briesle 94
Fleischküchle 97
Hackbraten, gefüllter 98
Hirn 94
Kalbfleisch, eingemachtes . 89
Kalbfleisch, geschnetzeltes 93
Kalbsbraten 91
Kalbsbrust, gefüllte 90
Kalbsvögel 91
Lammkeule 100
Leberknödel 97
Ochsenfleisch, badisches . . 86
Rahmschnitzel 92
Rindsrouladen 89
Sauerbraten, badischer . . . 88
Schäufele 95
Schinken 96
Schinken im Brotteig 96
Stallhasen, gebraten 99
Wiener Schnitzel 93
Züricher Kalbs-geschnetzeltes 93

Eierspeisen

Falsche Fische 103
Ochsenaugen 104
Omelette, Großmuttis Art . 104
Ostereier 103
Senfeier 104
Verlorene Eier 102

Fische

Aal in Rebblättern 109
Basler Hechtklößli 108
Egli oder Barsch 111
Felchen 111
Forelle, blau 106
Forelle, gebacken (Müllerin-Art) 107
Forellenfilet in Riesling . . 106
Hecht, gedämpft 108
Karpfen, gebacken 109
Salm, gekocht 111
Salm, kalt 110

Geflügel

Gans, gebraten 114
Hahn in Wein (Coq au Riesling) 113
Mistkratzerle 112

Wild

Fasanen 118
Hasenpfeffer 116
Hasenrücken 116
Rebhühner 118
Rehrücken, badisch 116

Gemüse und Pilze

Erbsenkörble 130
Fetzenkraut oder verrissen Krut 129
Gelberüben mit Lauch . . . 130
Kapuzinerklöße 129
Krautkopf, gefüllt 128
Krautwickel 128
Laubfrösche, aus Spinat . . 121
Mangold 122
Maroni 126
Pfifferlinge 132
Rosenkohl 125

Rotkraut 126
Schirmpilze 133
Schwarzwurzeln 124
Sauerkraut 127
Spargeln 122
Tomaten und Paprika, gefüllt 130
Wirsing 124
Wirsingring 125

Salate

Bohnensalat 138
Bohnensalätle (aus Kernen) 138
Brunnenkresse 137
Feldsalat 137
Italienischer Salat 140
Kartoffelsalat 51
Lattichsalat 136
Löwenzahnsalat 139
Ochsenmaulsalat 44
Rettichsalat 138
Rotrübensalat 140
Sauerkrautsalat 139
Wurstsalat, Elsässer 44

Soßen

Grüne Soße, warm 142
Grüne Soße, kalt 143
Holländische Soße 144
Meerrettichsoße 87
Ölsoße, kalt 144
Rahm- oder Béchamelsoße 142
Senfsoße 143
Spargelsoße 143
Tomatensoße 142
Vinaigrette 143
Weiße Grund- oder Buttersoße 142

Nachtisch

Apfelcharlotte 152
Apfelkompott 151
Apfelschnee 148
Caramelcreme 150
Chaudeau 147
Erdbeer-(Frucht-)Eis 154
Hagebuttensoße 147
Himbeeren, heiß 150
Kompotte 152
Rahmeis 153
Rhabarber-Erdbeer-Kompott 151
Rhabarber mit Feigen . . . 152
Schattenmorellen, heiß . . . 148
Schneeballen 149
Vanille-Eis 153
Vanillesoße 152
Wähen 154
Weinsoße 147
Zitronencreme 150

Schleckereien

Kalter Hund 157
Quittenpaste 155
Rahmgutsele 158
Salzmandeln 158
Waffelherzen 156
Zimtwaffeln 156

Zu besonderen Jahreszeiten

Basler Schenkeli 162
Biirewecke 160
Chnü-(=Knie-)Plätzli . . . 163
Fasnetküchle 162
Fastenbrot 164
Holderküchle 72
Hopfensprossen 167
Hutzelbrot oder Biirewecke 160
Kapuzinerknöpfle 164
Martinsgans 169
Metzelsuppe 159
Nußbrötle 168
Osterfladen 166
Pfaffenbrot 170
Scherben 166
Schlachtplatte 160
Silvesterbrezel 169
Spargelessen 123
Stockfisch 165
Strübli 162
Weckenmänner 161
Zwiebelkuchen 167

Für den Hock

Käsefondue 172
Kräuterkäse mit Brezele . . 173
Mosaikbrötle 174
Salzige Torte 174
Steckelewurst 175
Straßburger Nußbrot 176
Zwiebelsuppe 173

Hausgemachte Getränke

Crème de Cassis (Likör von schwarzen Johannisbeeren) 182
Erdbeerbowle 180
Feuerzangenbowle 180
Hagebuttenwein 177
Holdersekt 178
Holdersirup 179
Nußlikör 181
Säfte, ungekocht, vergoren 185
Schlehenlikör 182
Waldmeisterbowle 179

Eingemachtes

Buttenmus oder Hägemark 188
Erdbeermarmelade mit Rhabarber 189
Essiggürkle 193
Gelee aus rotem Holunder . 187
Gelee aus schwarzem Holunder 187
Gurken, süß-saure 191
Hagebutten-Tomaten-Marmelade 190
Marmeladen und Gelees, allgemeine 185
Preiselbeerenkompott . . . 190
Quitten- oder Apfelgelee . . 188
Rotrüben (Rahnen) 193
Vogelbeerkompott 192
Zwetschgenmus 189
Zwetschgen, süß-saure . . . 191

Teige

Brandteig 83
Butterteig 80
Hefeteig 81
Kartoffelteig 83
Nudelteig 68
Rührteig 162
Wähenteig 154

Allgemeines

über Wein 34
über Bier 176
von Festessen 170
über Dampfkochtopf 59
über Pfannen 57

Mundartliches und Küchenlatein – für wissenshungrige Laien verdeutlicht

Abbinden	z. B. Soßen, Suppen, Gemüse meint: die klare Flüssigkeit mit Mehl oder Stärkemehl, Rahm, Blut oder Eigelb dickflüssig machen
Abgehängt	nennt man alles Fleisch, das nicht gleich nach der Schlachtung verwendet werden sollte, sondern beim Metzger oder zu Hause bis zum Erreichen seiner besten Qualität aufgehängt wird
Ablöschen	ist: etwas in heißem Fett Gebratenes mit kalter oder warmer Flüssigkeit begießen
Abschlagen	muß man empfindliche Soßen oder dicke Teige, indem man stark in einer Richtung schlägt, bis sie kochen
Abschmälzen	bedeutet, heißes Fett über eine fertige Speise gießen
Abschmecken	sollte man vor dem Anrichten alles, was man gekocht hat, damit man weiß, ob es richtig gewürzt ist
Abschrecken	heißt, etwas sehr Heißes schnell und stark mit kaltem Wasser begießen
Abziehen	kann heißen, bei einem Tier Haut oder Fell entfernen. Auch: eine Soße mit Eigelb verfeinern oder eine Brühe mit Eiweiß klar machen (s. »klären«)
Altbacken	sind Brot und Weckle vom Vortag
Ansetzen	ist nötig, wenn man aus Früchten oder Kräutern das Aroma (durch Alkohol) herausholen will
Auslassen	sagt man, wenn das steife Fett vom Speck heiß gemacht wird, bis es sich vom Gewebe löst, flüssig wird und als Schweineschmalz benutzt werden

kann. Beim Auslassen von Butter geht es darum, das Wasser, das sie enthält, auszukochen und sie – als Butterschmalz – haltbarer zu machen

AUSNEHMEN	muß man die Eingeweide von Fisch, Wild und Geflügel
AUSWELLEN	heißt, Teige mit dem Wellholz zu Fladen oder dünnen Platten machen
BÄHEN	ist, was heute »toasten« genannt wird
BAPPIG	heißt anderswo klebrig, schwer
BEIZE	ist das saure Flüssigkeitsgemisch, in das Fleisch eingelegt wird, um einen zu starken Eigengeschmack zu verlieren, um es zu würzen oder mürber zu machen
BEWEGEN	nennt man langsames, vorsichtiges Rühren, bei festem Material auch mit Wenden
BIBELISKÄS	nennt man hier den Quark
BINDEN	wie abbinden
BISS HABEN	meint, daß man noch etwas zu beißen haben sollte, an Reis und Nudeln z. B.
BLANCHIEREN	heißt übersetzt: weiß machen. Es bedeutet aber jede Art von Vorkochen, mit kochender Brühe übergießen etc., bevor die eigentliche Zubereitung beginnt
BOLLEN	sind Klümpchen bis Klumpen in einer Suppe oder Soße, wenn nicht sorgfältig gearbeitet wurde
BRÄGEL	heißen hier die Bratkartoffeln
BRAUNMEHL	ist trocken in der heißen Pfanne gebräuntes Weizenmehl
BRIESLE	ist eine Drüse, die nur Jungtiere haben. Man bekommt sie vom Kalb oder Lamm
BRÜHEN	kann das gleiche meinen wie blanchieren, wird aber vor allem für das Keim- oder Geschmackfreimachen von Geschirren und Geräten benutzt

Buttern	heißt, die Formen, in denen Kuchen o. ä. gebacken werden, mit Butter ausstreichen
Caramel	ist auf dem Feuer flüssig gemachter Zucker, wenn er hellbraun geworden
Dämpfen	ist garen im eigenen Saft oder mit Zugabe von Flüssigkeit
Dampftopf	ist ein Gerät, in dem Kochgut mit einem Minimum von Flüssigkeit durch Ausschluß von Luftzufuhr in kurzer Zeit schonend gar gedämpft werden kann
Dinni	sind dünne Brotteigfladen, die mit verschiedenen Belägen auf der Holzkohleglut gebacken werden (im Elsaß: Flammenkuchen)
Ditschen	sagen wir, wenn wir eine empfindliche Frucht kurz in kochendes Wasser halten, um die Haut oder Schale abziehen zu können, z. B. von Pfirsichen oder Tomaten
Dörren	kann man Früchte, Kräuter u. a. durch langsames Verdunstenlassen ihres Eigensaftes, also nicht durch Trocknen im Ofen oder in der Sonne
Drunterziehen	sagt man, wenn luftig Geschlagenes wie Rahm oder Eischnee einer festeren Masse beigegeben wird. Beim Einrühren würde die fleißig hineingeschlagene Luft wieder entweichen. Man zieht deshalb mit einer Gabel das Luftige langsam hinein.
Durch	ist etwas, wenn es gar ist
Durchs Sieb schlagen	heißt, eine breiige Masse durch ein feines Sieb rühren
Durchwachsen	nennt man Fleischstücke, bei denen sich Schichten von Fett und Magerem abwechseln
Einkochen	1. Saft oder Flüssigkeit verdampfen lassen

2. Herstellung von Marmeladen, Sterilisieren von Obst und Gemüse

Farce	heißt die gehackte, streichfähige Fleischfüllung für Fleisch oder Gemüse
Federweisser	nennen wir den neuen Wein in der Gärungsstufe, in der er trüb ist
Filtrieren	muß man trübe Flüssigkeiten, die klar werden sollen, indem man sie durch ein Tuch oder Filterpapier laufen läßt
Flämmen	sollte man gerupftes Geflügel, damit der Flaum auch verschwindet. Man macht es mit einer offenen Flamme
Flambieren	wird die Technik genannt, über einer Speise Alkohol abzubrennen
Fond	bedeutet »Grund« und ist das, was beim Anbraten von Fleisch unten in der Pfanne sitzt
Fritieren	heißt: in schwimmendem Fett ausbacken, d. i. so viel sehr heißes Fett, daß das Auszubackende nicht am Boden des Geschirrs aufliegen kann
Gallert	nennen wir gelierten, steifen Fleischsaft
Gehen	benutzt man bei Hefe und Hefeteig, und es bedeutet, daß sich die Hefepilze vermehren und den Teig aufgehen lassen
Geschrotet	ist grob und mit dem inneren Häutchen vom Korn, dem »Spelzen«, gemahlen
Geselcht	ist Fleisch, das zur Haltbarmachung gesalzen und geräuchert wird
Glasieren	kann man: 1. Torten und Kleingebäck mit Zuckerguß o. ä., 2. Maroni mit karamelisiertem Zukker, 3. Braten mit fettem Fleischfond etc., es handelt sich also um einen glänzenden Überzug

GLASIERTE TÖPFE	sind emaillierte
GLASIG	werden Zwiebeln oder Gemüse beim Kochen oder Dämpfen, d. h., sie sehen durchsichtig aus
GRATINIEREN	bedeutet, eine fertige Speise im Backofen mit Käse oder einem Eier-Rahm-Gemisch überbacken, meist, bis auf der Oberfläche eine bräunliche Kruste entsteht
GRIEBEN	sind der Rückstand beim Auslassen von Schweineschmer = Flomen = Fettgewebe, aus dem das Schmalz gewonnen wurde
GSÄLZ	Marmelade
GUSS	ist ein dickflüssiger Überzug, der über Speisen und Kuchen gleichmäßig gegossen und verteilt wird
HÄGEMARK	heißt hier das entkernte, zu Mus gekochte Fruchtfleisch der Hagebutten (das sind die Früchte der wilden Rosen)
HÄUTEN	muß man manche Fleischstücke und Innereien, man entfernt innere oder äußere Häute
HAUT GOÛT	deutsch: Hoher Geschmack, bedeutet das Stadium von abgehängtem Fleisch, bei dem sein Eigengeschmack am stärksten hervortritt
HOLZIG	nennt man harte, grobfaserige Stellen an Gemüse, z. B. bei Spargeln, Rettichen, Kohlrabi
IRDEN	sind alle Gefäße, die aus Erde gemacht sind, also Porzellan und Ton(-Keramik)
JUS	ist der Bratensaft, der beim Braten austritt und sich mit dem Fett in der Pfanne vermischt (sobald Mehl o. ä. und Fremdflüssigkeit, wie z. B. Fleischbrühe oder Rahm, dazukommen, entsteht eine Soße)

KACHEL	ist der alemannische Ausdruck für ein (eisernes) Koch- oder Bratgeschirr
KLÄREN	meint, eine Brühe klar machen, indem die feinen Flöckchen von Zutaten durch Eiweißflocken gebunden werden, die dann in einem Sieb hängenbleiben
KÖCHELN	sagen wir, wenn eine Flüssigkeit mit nur kleinen Bläschen gerade am Kochpunkt gehalten wird
KRACHERLE	heißen die in Butter gerösteten Brotwürfele, die ganz heiß über eine Suppe gegeben werden, so, daß sie noch krachen, wenn man sie ißt
KRÜMPELN	meint: dem Zucker durch Erhitzen Feuchtigkeit entziehen – er bleibt hell, klumpt aber zusammen
LÄUTERN	bedeutet »rein machen«. Hier verwendet man das Wort, wenn man vom Abschäumen des in Wasser gekochten Zuckers spricht
LEGIEREN	= binden, dickflüssig machen
LEICHTES SALZWASSER	ist schwach gesalzenes Wasser
MARINADE	ist eine dicke kalte Soße, in die Fisch, Eier, Fleisch etc. eingelegt werden
MEHLSCHWITZE	nennt man die Grundlage vieler Soßen. In anderen Gegenden sagt man »Einbrenne« dazu. Man meint das kochende Fett und Mehl, das man dann mit Flüssigkeit ablöscht
PANIEREN	kommt vom franz. »Brot«: Es soll also etwas mit geriebenem Brot umhüllt werden. Damit es an Fleisch o. a. kleben bleibt, wird das Stück gesalzen und dann in verquirltem Ei gedreht. Dann wendet man es in Weckmehl
PASSIEREN	durch ein Sieb streichen, damit z. B. Soßen glatt werden

PERLE	ist bei in Wasser gekochtem Zucker der Zustand, in dem die Lösung als »kleine« oder »große Perle« langsam vom Löffel tropft
PETERLE	sagen wir zu Petersilie
PLOTZEN LASSEN	bedeutet bei uns, etwas ohne Sorgfalt und Gefühl (ins Wasser) fallen lassen
POCHIEREN	heißt genau: in die Tasche stecken. Man verschafft also Eiern, Fischen, Klößchen eine feste, dünne Hülle; pochierte Eier werden z. B. in siedendes Wasser gelegt, damit das Eiweiß gerinnt. – Köche nennen alles, was im Wasserbad stockt oder gerinnt, »pochieren«
EINE PRISE	ist alles, was man mit Daumen und Zeigefinger halten kann, wie Zucker und Salz (oder Schnupftabak!)
PÜRIEREN	etwas, wie gekochte Erbsen oder Kartoffeln, zu glattem Brei rühren
RÄDELN	macht man mit einem Backrädle, um Teigstücke mit zackigem Rand zu erhalten
REIBEN	kann man Käse auf einer Reibe, Kartoffeln auf der Reibe zu Rösti, auch festen Teig zu Riebele. Wenn von geriebenen Nüssen die Rede ist, sind das gemahlene, oft ist »raspeln« gemeint
RÖSCH	ist knusprig
RÖSTEN	geschieht mit Hitze, um z. B. Brot die Feuchtigkeit zu entziehen oder Zwiebeln in Fett braun zu machen
SÄMIG	ist etwas leicht Gebundenes
SIEDEN	ist der Erwärmungszustand kurz vor dem Kochen
SPECKIG	schimpfen wir einen nicht aufgegangenen Hefeteig oder zusammengefallenen Rührteig, auch Eieraufläufe werden so, wenn man zu früh in den Ofen schaut

STOCKEN	bedeutet, durch Gerinnung fest werden
STÜRZEN	meint, durch Umstülpen eine festgewordene oder gebackene Sache aus der Form auf einen Teller bringen (will der Kuchen nicht »raus«, hilft ein nasses, kaltes Tuch, das man sofort auf die Unterseite der Form legt)
STUPFEN	sagt man hier für »einstechen«
SUD	heißt die Brühe, in der Fisch oder Fleisch gekocht, besser: gesotten wird
SUSER	ist der im Faß gärende, ein sausendes Geräusch machende junge Wein
SCHAFFEN	muß man einen festen Teig, damit er glatt wird; mit den Händen knetet man ihn
SCHALOTTEN	sind kleine Zwiebele, die einen besonders feinen Geschmack haben
SCHARF BRATEN	gilt für Fleisch, das keinen Saft verlieren und eine Kruste haben soll. Man legt es dazu in sehr heißes Fett bei starkem Feuer
SCHLAGEN	ist zum Unterschied von rühren, wenn man von immer der gleichen Seite in das Kochgut fährt und der Kochlöffel auf dem Rückweg durch die Luft geht
SCHLIEFIG	sagen wir von mißratenen Mehl- oder Kartoffelspeisen, die zäh und schwer sind und manchmal sogar Fäden ziehen
SCHMALZ	ist ausgekochtes Schweinefett oder Butter
SCHMEISSEN	ist, mit Schwung etwas werfen
SCHMOREN	nennt man: im eigenen Saft oder mit der geringstmöglichen Flüssigkeitszugabe bei geschlossenem Topfdeckel garen
SCHNÄUZEN	meint, Hagebutten oder Stachelbeeren das »Schnäuzle«, die Blüte,

	abschneiden
SCHNEE	entsteht durch fleißiges Schlagen von Eiweiß
SCHNETZELN	ist, Fleisch in dünne, längliche Streifen schneiden
SCHNÜRRLE	heißt hier die Schweineschnauze
SCHROT	nennt man grob ausgemahlenes volles Korn
EIN SCHUSS	Essig, Wein o. ä. ist die Menge, die aus einer offenen Flasche spritzt, wenn man sie kurz umkippt
SCHWELLER	sind Pellkartoffeln
SCHWENKEN	in Fett kann man fettlos gekochte Kartoffeln oder Gemüse, indem man sie durch nicht zu heiße Butter oder Öl bewegt
SCHWIMMENDES FETT	müßte eigentlich heißen: so viel heißes Fett, daß Pommes frites, Schnitzel, Küchle usw. zum Garwerden darin schwimmen können. Aber man »fritiert im schwimmenden Fett«!
STRUDELN ODER SPRUDELN	ist, wenn Flüssigkeiten so stark kochen, daß ihre Oberfläche ganz bewegt ist
VERKLEPPERN	nennen wir es, wenn wir z. B. ein Ei mit einer Gabel flockig in die Suppe schlagen oder zum Panieren so vorbereiten, daß es ganz glatt ist
VERQUIRLEN	ist das schnelle Vermischen verschiedener Stoffe. Der dafür nützliche Quirl ist aus Holz, hat ein sternförmiges Unterteil, das man auf den Boden eines Gefäßes setzen kann. Den Stiel dreht man zwischen beiden Handflächen so schnell wie möglich hin und her.
VERWIEGEN	geschieht mit einem Wiegemesser. Das ist bogenförmig und hat an beiden Enden einen Griff, damit man

	mit wiegender Bewegung Kräuter usw. ganz fein zerkleinern kann
WÄSSERN	muß man in Salz konservierte Fische u. ä., damit der überschüssige Salzgehalt vom Wasser aufgenommen wird. Bei sehr salzigen Sachen muß man das kalte Wasser öfter erneuern
WASSERBAD	von den Köchen wird es Bain-Marie genannt, ist ein größerer Topf mit kochendem Wasser, in dem ein kleinerer Platz hat. In diesem inneren Gefäß schlägt man empfindliche Soßen zum Kochen und hält Speisen warm, die sonst anbrennen könnten
WELL- ODER WALLHOLZ	ist die Holzrolle, die man zum Plattwalzen von Teig benutzt
DER WOLF	ist eine Hackmaschine, die Fleisch und Gemüse zerkleinert
ZERLASSEN	ist Butter oder Fett, wenn es durch Erwärmen gerade flüssig geworden ist
ZIEHEN	läßt man in heißer Flüssigkeit, was gar werden soll, ohne daß das Wasser kocht oder gar strudelt
ZUSAMMENFALLEN	soll möglichst nichts! Es meint nämlich das Entweichen der Luft aus einer Speise oder einem Kuchen, die die Sache hätte leicht und locker machen sollen. Es passiert, wenn man z. B. den Backofen öffnet, bevor die Masse fest genug ist, um die Luftbläschen einschließen zu können
ZWIEBELSCHLUTTEN	nennen wir die röhrenförmigen Blätter der frischen Zwiebeln

Suppen

Mit den Suppen fangen wir an. Man kann von diesem Vorgericht halten, was man will (es gibt viele sich widersprechende Ansichten über den Wert oder Unwert von Suppen) – eins ist sicher: In einem Gasthaus, in dem ich eine schlechte Suppe bekommen habe, habe ich kein Zutrauen zu den anderen Gerichten! Die Großväter waren der Ansicht, Suppe »polstere« den Magen und mache auch schwere Hauptgerichte bekömmlicher – ich glaube, sie hatten recht. Und was den Kaloriengehalt der Suppe betrifft, so sollte man ihn nicht isoliert betrachten: Keiner, der nicht gerade ein unkontrollierter Fresser ist, wird beim Hauptgericht nach einer Suppe so viele »Dickmacher« verschlingen, wie wenn er sich heißhungrig auf die Nudeln und den Kartoffelstock stürzt! Außerdem ist Suppe nicht gleich Suppe: Vor ein deftiges Gericht gehört eine leichte, klare, und wenn's hinterher »nichts Rechtes« mehr gibt (wie die Männer zu einem fleischlosen Hauptgang sagen), darf's ruhig eine gehaltvolle Suppe sein.

Als bei uns noch alle sechs Kinder daheim waren, haben sie großen Wert auf das Kuchen-Mittagessen gelegt. Da konnte ich sicher sein, daß keines sich bei einem Freund zum Essen eingeladen hatte; dafür haben sie mit schöner Zuverlässigkeit an dem Tag etliche Schulkameraden mitgebracht. Einer davon gestand mir später, er sei hauptsächlich wegen der Kartoffelsuppe gekommen!

Kartoffelsuppe

mache ich so:
4 mittelgroße Kartoffeln, 2 Gelberüben, 1 dünner Stengel Lauch, 1 Schnitz Sellerie, 1 Sträußle *Peterle* und 1 ungeschälte rohe Zwiebel werden grob zerschnitten und in ½ l *leichtem* Salzwasser weichgekocht; etwa 15 Minuten dauert das. Dann zerstampfe ich alles mit dem Kartoffeldrücker im Topf. In einem Drei-Liter-Topf mache ich eine *Mehlschwitze* aus 1 EL Butter, 1 EL Öl, 2 EL Mehl, ¼ l Milch. In das heiße Fett wird das Mehl gerührt, bis es ein wenig schäumt, dann mit der Hälfte der Milch *abgelöscht.* Man muß mit dem Schneebesen fest rühren, damit es keine »Bollen« gibt. Wir nennen das »glattrühren«. Dabei wird die Schwitze dick, und wenn sie Blasen macht, kommt der Rest Milch hinein. Wenn alles wieder glatt ist, gibt man das gekochte Gemüse samt Brühe dazu und vermischt alles. Dann kommt noch 1 EL dicker Rahm darunter, und man füllt mit Fleischbrühe oder Wasser auf ungefähr 2 l auf und bringt das Ganze wieder zum Kochen. Als Gewürze gehören Kerbel, Liebstöckel und etwas Majoran dran. Hat man die Kräuter nicht frisch, nimmt man getrocknete und läßt sie vom Auffüllen an mitziehen. Beim Anrichten kann man die Kartoffelsuppe noch mit braunen Zwiebeln abschmälzen. Man bewegt dazu in einem *Kächele* 1 bis 2 EL feingeschnittene Zwiebeln in 1 EL Öl oder Butter, bis sie mittelbraun sind, und gießt das über die bereits angerichtete Suppe.
So ganz wörtlich nehmen wir's nicht mehr mit der Vorstellung der Urgroßmütter: »E gueti Herdöpfelsuppe mueß so dick sii, daß d'Chatz druff schlofe chönnt!«

Eine gute, einfache Kartoffelsuppe gibt's auch aus einem Rest *Kartoffelstock:* Man rührt die feste, kalte Masse mit Wasser oder Brühe glatt und *sämig,* erhitzt sie bis zum Kochen und streut viel feingehackten Peterle drüber. Man kann aber auch

Kracherle

dazu machen: In heißer Butter (je nach Menge des Brots) röstet man in kleine Würfel geschnittenes Weißbrot goldgelb – nicht allein lassen, immer bewegen! – und gibt die Kracherle direkt aus der Pfanne auf die gefüllten Suppenteller. Sie müssen krachen und zischen dabei! Sehr badisch ist die

Grünkernsuppe

Man kennt sie außerhalb unserer Region kaum, obwohl Dinkel zu den ältesten Getreidearten gehört. (Man denkt dabei an den Dinkelberg am Hochrhein und auch an den schwäbischen Familiennamen.) Grünkern nennt man das halbreif geerntete, luftgetrocknete Dinkelkorn. In Nordbaden wird es noch angebaut. Es gibt Grünkernmehl, -gries und -grütze. Unsere Suppe ist aus Grütze gemacht. Man braucht 120 g Grütze, 40 g Butter, 2 l Fleisch- oder Gemüsebrühe, 1 Ei, Salz und Petersilie.
Im Fett wird der Grünkern hellbraun *geröstet,* mit wenig Brühe abgelöscht. Immer, wenn die Masse dick wird, neue Brühe dazugeben. Zuletzt feingehackten Peterle mitkochen. Das Ei wird mit einer Gabel in der kochenden Suppe *verkleppert*; es muß flockig werden. Mit Salz abschmecken. Zu dem Geschmack dieser Suppe paßt ausnahmsweise Schnittlauch nicht gut.
Man kann mit einem Drittel der Grünkernmenge eine fast klare Suppe – ohne Ei! – machen und

Markklößle

einlegen; das gibt dann eine Hochzeitssuppe!
Markklößle kann man fertig beim Metzger kaufen. Wenn man sie selber macht, gehen sie so: 80 g Rindermark, *gewässert,* 2 Eier, 70 g Weckmehl, fein gemahlen, 1 KL Salz, 1 KL feinstgehackte Zwiebel und Peterle, in 10 g Öl *gedämpft,* 1 Prise Muskat, 1 Prise Pfeffer. Das gewässerte Mark muß man in etwas Wasser kneten, bis es weiß aussieht. Dann gießt man das Wasser ab und mengt alle anderen Zutaten zu einem glatten Teig darunter. Daraus formt man zwischen den nassen Händen runde Klößle, etwa so groß wie eine dicke Kirsche. Sie müssen 1 bis 2 Stunden im Kühlen (nicht Kühlschrank!) ruhen, bevor man sie in der heißen Suppe 10 Minuten lang ziehen läßt. Die Suppe darf dann nicht mehr kochen, sonst zerfallen die Klößle!

Geröstete Grießsuppe

wird ebenso wie die Grünkernsuppe aus Weizengrieß zubereitet. Nur quillt Grieß stärker und verbrennt beim Rösten noch leichter. 100 g Grieß genügt, und wenn man die Wahl hat, ist grober dem fein ausgemahlenen vorzuziehen. Jetzt folgen Suppen, die

Klare Fleisch- oder Grünsbrühe

brauchen. Deshalb schreibe ich zuerst mal auf, wie man die macht. Kocht man regelmäßig, sollte man dafür sorgen, daß immer ein Vorrat von Brühe vorhanden ist: Fast alles Salzige wird besser, wenn man Brühe statt Wasser verwendet. Fleischbrühwürfel oder gekörnte Brühe gibt brauchbaren Ersatz, wenn's pressiert, wird aber von Leuten mit feiner Zunge als »Fuule-Wiiber-Suppe« erkannt. Diese Konserven enthalten auch viel Glutamin, und die Produkte daraus schmecken daher immer sehr ähnlich. Als Reformkost gibt es verschiedene eingedickte Gemüsebrühen mit viel gesunder Hefe drin. Die halte ich mir, falls ich mal ein »faules Weib« sein muß. Meine selbstgemachte Fleischbrühe besteht aus: 500 g Rinderbrust mit Fett, 500 g Suppenknochen, beides abgewaschen, 2 l Wasser, 1 EL Salz, 2 ganzen Gelberüben, 1 Sträußle Peterle, 1 Stange Lauch, 1 kleinen Sellerieknolle oder Blättern, 1 großen ungeschälten Zwiebel (die Schale gibt eine schönere Farbe).
Ungefähr anderthalb Stunden müssen die Zutaten auskochen, ohne daß die Brühe *sprudelt,* das Fleisch wird gleich mit zugegeben. Dann wird die Brühe abgeseiht.
Will ich sie ganz klar haben, so lege ich ein Tuch in das Sieb; trotzdem bleibt nach einer Weile ein Bodensatz in der Schüssel, und nach dem Erkalten sitzt oben eine Fettschicht.
Kann man beides nicht brauchen, nimmt man das Fett ab und seiht die Brühe wieder durch das Tuch in den Kochtopf zurück. Einen Rest Trübe kann man dann noch mit Eiweiß *klären:* Für 1 l Brühe braucht man 1 Eiweiß. Das wird in die Brühe verrührt und unter stetigem Schlagen mit dem Schneebesen bis zum Kochen gebracht. Das Eiweiß nimmt dabei die restlichen Flöckchen auf, und wenn man

dann wieder abseiht, hat man ganz klare Fleischbrühe. Das ist besonders wichtig, wenn man

Kalte Fleischbrühe

servieren will. Im Sommer ist das eine hervorragende Erfrischung. Da darf dann überhaupt kein Fett mehr dran sein. Dazu läßt man die noch warme Brühe so lange durch immer neues dickes Fließpapier laufen, bis auf dem Löschblatt keine Spur von Fett mehr zu entdecken ist. Man würzt die gekühlte Brühe vorsichtig mit herbem Weißwein und streut wenig ganz fein geschnittenen Schnittlauch darüber. Eine Ecke geröstetes Weißbrot schmeckt am besten dazu.

Grünsbrühe

muß nicht so lange gekocht werden, nur, bis die Gemüse weich sind. Gut schmeckt, wenn man noch Erbsen oder nur leere Schoten mitkocht! Auch einen Blumenkohlstrunk, Bohnen etc. kann man dazutun; nur mit Kraut muß man aufpassen, daß es nicht vorschmeckt.
Aus diesen Brühen entstehen die beliebten klaren Suppen, von denen ich nur die aufschreibe, die uns hier am wichtigsten sind.

Nudelsuppe

Auf 2 l Fleischbrühe nimmt man 250 g Suppennudeln (Fadennudeln oder die dünnste flache Sorte). Die Nudeln koche ich getrennt in Salzwasser weich und *schrecke* sie *ab.* Sie verlieren dabei das überschüssige Mehl und haben mehr *Biß.* Gut abgetropft kommen sie in die angewärmte Suppenschüssel und werden mit der kochenden Brühe übergossen. Dann kommt Schnittlauch und von der Nuß geriebenes Muskat darüber.

Flädlesuppe

Dazu backt man für 2 l Brühe 2–3 ganz dünne Pfannenkuchen. Noch warm werden sie gerollt, jede Rolle der Länge nach durchgeschnitten und beide Hälften zusammen der Breite nach so fein wie möglich in Streifen geschnitten. Hat man beim Backen vielleicht zu viel Fett genommen, so legt man die Flädle besser auf ein paar Lagen Seidenpapier, bevor sie in der Suppenschüssel mit der heißen Brühe übergossen werden: Backfett und Rinderfett vertragen sich geschmacklich nicht gut! Will man die Flädle in den Topf mit der Brühe geben, darf sie weder kochen noch lange stehen; auch gute Flädle verquellen und werden *bappig*. Vor dem Schöpfen Schnittlauch darüberstreuen!

Riebele- oder Eiergerstesuppe

Aus 2 Eiern, 1 Eigelb, 250 g Mehl und Salz knetet man einen festen Nudelteig. Den reibt man über ein Reibeisen auf das Nudelbrett. Dabei entstehen Teigkörnle, die wie Suppennudeln abgekocht in die Fleischbrühe gegeben werden. Wenn man die Riebele 24 Stunden ausgebreitet an einem warmen Platz trocknen läßt, können sie als Vorrat in einem Schraubglas aufbewahrt werden.

Grießklößlesuppe

kann ohne Frage niemand so gut, wie Frau Meier im »Grünen Baum«! Und das ist ihr Rezept: In ¼ l kochende Milch rührt man 40 g Butter, Salz und Muskat und, wenn das wieder kocht, 60 g Grieß ein, bis sich der Brei vom Topf löst. Man läßt ihn etwas abkühlen und rührt ihn dann mit 2 verklepperten Eiern nochmals, bis er glatt ist. Nun muß die Masse 1 Stunde in die Kälte. Dann kann man mit 2 nassen Kaffeelöffeln Klößle ausstechen, die man in die kochende Brühe legt (nicht schmeißt!). Man läßt sie darin 2–3 Minuten kochen und dann noch 15 Minuten ziehen. Sparsam mit gehacktem Peterle überstreuen.

Frau Meier sagt »der« Butter, wie viele Leute in unserer Ecke. Und das kommt sicher daher, daß man im Oberland bis vor nicht allzulanger Zeit das viel ältere »Ank, der Anken« benutzte. Nun hat sich »Butter« zwar allgemein eingeführt, aber an den weiblichen Artikel hat man sich halt nicht gewöhnt.

Eierkäs oder Eierstichsuppe

ist eine Sonntagsvorspeise. Für 4 Personen braucht man: 3 Eier, ⅛ l Milch, Salz, Muskat, gehackten Peterle. Die Eier verrührt man mit der Milch und würzt das Gemisch. Ein weites Porzellangefäß mit geradem Rand (Auflaufform) reibt man gut mit Butter aus und füllt die Eiermasse ein. Dieses Geschirr kommt in einem Topf mit Wasser, dem *Wasserbad*, auf den Herd. Die Eimasse *stockt* beim Erhitzen, wenn man gut aufpaßt, daß kein Spritzer vom kochenden Wasser in den Eierkäs kommt. Ich lasse den *Käs*, wenn die Masse schnittfest zu sein scheint, im Wasserbad erkalten. Dann kann man ihn *stürzen*, oder, was schwerer geht, in der Form in 1 cm große Würfel schneiden. Die werden dann in die heiße Brühe gelegt, das Ganze mit Peterle bestreut

Brotsuppe

ist einfach und gut, wenn die Brühe was taugt. Man röstet im nicht sehr warmen Backofen (Stufe 100–150°) gutes Weißbrot, das man in 1 cm dicke Scheiben geschnitten hat. (Altes Brot muß man mit Wasser bestreichen, damit man es besser schneiden kann und es im Ofen nicht zu schnell hart wird). Man legt die goldgelben Scheiben in die angewärmte Suppenschüssel und gießt die Brühe, in die ein Ei *verkleppert* wurde, darüber. Frischer Kerbel, feingeschnitten draufgestreut, schmeckt sehr apart!

Graupensuppe

Keine »Klare« mehr, aber eine sehr gute, ist die Graupensuppe. Leider ist sie bei den letzten Männergenerationen sehr in Verruf geraten, denn in Krieg und Gefangenschaft wurde sie den Soldaten oft wochenlang aus der Gulaschkanone vorgesetzt. Selbst, wenn sie daheim sicher anders schmeckt, weckt manchmal schon ihre Erwähnung Grausen. Deshalb soll sie aber nicht auf ewig aus dem Küchenzettel verbannt bleiben, denn das hat sie wirklich nicht verdient.
Graupen gibt es geschrotet oder als ganze Körner. Das getrocknete ganze Korn heißt auch »Rollgerste«. Im Schwarzwald nennt man sie *Kälberzäh(ne)*! Sie wünschen zweierlei Spezialbehandlung: Einmal muß man sie am Abend zuvor in lauwarmem Wasser einweichen, und dann darf man sie nicht in Aluminiumtöpfen kochen, weil sie grau und unansehnlich werden. 120 g eingeweichte Gerste wird zusammen mit 10 g Butter, dem Einweichwasser und einem Schöpfer voll von 2 l Brühe zum Kochen gebracht (Salz nicht vergessen!). Sobald die Körner die Flüssigkeit aufgenommen haben, gießt man wieder nach, bis alle Brühe verbraucht ist. Nach insgesamt 1 Stunde ist die Gerste gar. 2 EL Milch, 1 KL Mehl und 1 bis 2 Eigelb werden miteinander glattgerührt und in die Suppe verkleppert. Sie soll dann noch 10 Min. leicht kochen. Mit Salz und etwas Pfeffer abschmecken, zuletzt kommt Schnittlauch darüber. So hat die Graupensuppe mit dem »blauen Heinrich«, wie die Soldaten sie nannten, nicht allzuviel zu tun!

Schneckensuppe

Die reiche, klare, alte alemannische Schneckensuppe ist als *gebundene* mit raren Schnecken in den Restaurants wieder auferstanden. Wenn man heute die Kinder nicht mehr zum Schneckensuchen in den Weinberg schicken kann und wenn man diese Saisonsuppe das ganze Jahr haben will, dann versteht man schon, weshalb die Köche die neue Variante erfunden haben. Dafür, daß man die Schnecken heute aus der Konservendose nehmen und nicht mehr putzen muß, kann man die klassische Suppe nicht mehr bezahlen! Denn – man höre und staune! – für 6 Personen rechnete man 5 Dutzend Schnecken! Außerdem 1½ l Fleischbrühe, ⅛ l Ruländer, 6 geröstete Weißbrotscheiben, 3 Eigelb, 20 g Butter, Petersilie, Salz, Pfeffer, Muskatblüte (alle Gewürze sehr sparsam!). 18 Schnecken wurden fein gehackt und in der Butter *gedämpft.* Die übrigen wurden mit heißem Wasser *gebrüht,* grob zerschnitten und auf die Brotscheiben verteilt, darüber kamen die gedämpften Schnecken. In jede Suppentasse legte man eine solche Scheibe. Die gewürzte Brühe wurde mit dem Eigelb gebunden und damit die Tassen aufgefüllt, mit einer Spur Peterle bestreut und so aufgetragen.

Gebundene Schneckensuppe

wird heute so gekocht:
Für ca. 4 Tassen braucht man: 1 Dose Schnecken (12 St.), ¼ l frischen Rahm, ½ l Gemüsebrühe, ⅛ l trockenen Weißwein (es darf ruhig ein guter Ruländer sein), ½ feingeschnittene Zwiebel mit Petersilie zusammen in 1 EL Butter glasig gedämpft, frische Kräuter wie 1 Blättle Minze, 2 Blättle Basilikum, Salz.
Zwiebel und Peterle werden mit dem Wein abgelöscht, die Schneckenbrühe aus der Dose und der Rahm daruntergerührt. Alles 10 Minuten sanft köcheln lassen. Inzwischen die Schnecken in 4 Teile schneiden und in der Suppe 5 Minuten ziehen lassen. Nun kann man noch in einer Tasse 1 Eigelb mit 1 EL Suppe glattrühren und dem ganzen unterziehen. Zuletzt die fein verwiegten Kräuter sehr sparsam über die in Tassen angerichtete Suppe streuen. Auch die allgemein so beliebt gewordene

Sauerampfersuppe

wurde hierzulande schon immer gekocht – als »Arme-Leute-Suppe«. Deshalb wurde sie in besseren Zeiten »verdrängt« und ist nun von der Gastronomie wiederentdeckt worden.
Als erstes frisches Grün wurden früher die Blätter auf feuchten Wiesen gesammelt, durch den Wolf gedreht oder fein gehackt. Eine Handvoll davon fügte man einer einfachen Kartoffelsuppe bei und gab dadurch dem täglichen Gericht einen neuen Geschmack. Aber eine etwas rauhe Angelegenheit war das Ganze schon.
Ein altes Rezept aus der städtischen Küche war schon etwas »lieblicher«:
Dazu nimmt man ⅔ Sauerampfer und ⅓ Kerbelkraut, verwiegt es ganz fein und dämpft es in 1 bis 2 EL Butter. Dann werden gleichviel EL Mehl wie Butter mitgedämpft und alles mit Fleischbrühe abgelöscht, aufgefüllt und wieder zum Kochen gebracht. Vor dem Anrichten *legiert* man die Suppe mit saurem Rahm und Eigelb und streut zuletzt feine Würfel von gebähtem Brot darüber.
Jetzt hat sich also die Gastronomie des Blättleins angenommen und eine kulinarische Spezialität daraus kreiert. Von einem dafür bekannten Koch bekam ich ein sehr feines Rezept. Dazu braucht man:
¾ l Brühe, ²⁄₁₀ l geschlagenen Rahm, ¹⁄₁₀ l Weißwein, 50 g Sauerampfer, 30 g Butter, 20 g Mehl, 1 kleine Stange Lauch, 2 Schalotten, Salz und Pfeffer.

Feingeschnittene Schalotten und Lauch in Butter dämpfen, mit Mehl bestäuben, auskühlen lassen. Die Brühe erhitzen, auf die kalte Mehlschwitze gießen, verrühren und aufkochen lassen.
Den Sauerampfer pürieren, mit dem

Wein 20 Minuten kochen und zur Brühe geben. Den geschlagenen Rahm vor dem Auftragen darunterziehen, mit ein paar rohen Sauerampferstreifen würzen.

Von den Höhen der heimischen Gastronomie steigen wir nun wieder herunter, denn ich kann dieses Kapitel nicht abschließen, ohne einer Suppe zu gedenken, die zwar ein unverzichtbarer Bestandteil des bäuerlichen Küchenzettels war, die mir als Kind aber das gleiche Schaudern verursachte wie die Geschichte von der Blutsuppe der Spartaner. Später, beim Basler »Morgestraich«, und als ich ihre guten Eigenschaften erkannt hatte, habe ich meine Meinung sehr geändert. Es geht um die

Gebrannte Mehlsuppe

Meine Mutter machte sie so: In 60 g Fett wurden 140 g Roggenmehl kastanienbraun geröstet, 1 kleine feingeschnittene Zwiebel dazugegeben, bis sie auch so braun war, dann mit einem Teil von 2 l Knochenbrühe abgelöscht und mit dem Rest aufgefüllt, ein Schuß Rotwein drangeschüttet und zuletzt 1 EL dicker saurer Rahm daruntergerührt.
Die Erwachsenen würzten sich dann noch ganz großzügig im Teller mit Rotwein nach, Kinder bekamen jedoch partout auch nicht mehr den kleinsten Spritzer davon – vielleicht hat mir eben diese Tatsache die Mehlsuppe damals völlig verleidet.
Für die Mehlsuppe beim Basler »Morgestraich« gilt noch heute dieses Rezept: 4–5 EL Braunmehl werden mit einem Teil von 2 l klarer Gemüsebrühe oder Wasser abgelöscht, mit dem Rest aufgefüllt und ca. 500 g Kalbsknöchle 2 Stunden mitgekocht. Dann wird die Suppe durchgeseiht, notfalls auf 2 l Flüssigkeit aufgefüllt und mit Rotwein abgeschmeckt.

An so manche Suppe – und an viele andere Speisen – gehört zur Abrundung des Geschmacks Wein.

Wein

Es ist deutlich zu merken, daß ich das Wort »Kochwein« schon etwas krampfhaft vermeide! Und bevor es mit den Rezepten weitergeht, muß zu diesem Thema etwas gesagt werden.
Es ist klar, daß der Erfolg jedes Kochens von der Qualität und Frische des Materials abhängt. Aber dasselbe gilt auch für die Güte des verwendeten Weins. Ob weiß oder rot, herb oder lieblich, hängt von der Art des Gerichts ab. Nur billiger »Kochwein« taugt für gar keines. Feine Zungen schmecken ja sogar bei sauberem Wein die Traube heraus! Und ziehe sich niemand darauf zurück, Kochwein sei eben viel billiger. Das ist er nämlich gar nicht; denn bis man von dem überhaupt etwas schmeckt, braucht man schon die doppelte Menge. Und das, was man dann schmeckt, sollte ein reiner Geschmack sein, zu dem oft ein Spritzer ausreicht, wenn der Wein sauber ist. Ein für allemal: Wein zum Kochen, aber keinen Kochwein!
Wahrscheinlich gehen wir hier mit dem Wein so besonders streng um, weil der Weinort Bellingen im Markgräflerland das allererste Weingesetz hatte: die »Bellinger Rebordnung« vom Jahre 1027!

Vorspeisen

So müßte in einem gepflegten Kochbuch das nächste Kapitel überschrieben sein. Aber damit ist es bei uns schlecht bestellt; eigentlich haben wir fast gar keine. Und wenn wir es, weil es in anderen Gegenden Vorspeisen gibt, auch damit probieren, dann geraten sie uns zu halben Hauptgerichten und sind keineswegs, was sie sein sollten, »Magenöffner« nämlich. Sie verderben einem oft den Appetit, weil sie schon satt gemacht haben. Unsere elsässischen Nachbarn haben die »crudités« von den Innerfranzosen übernommen; daran haben sie gut getan! Die kleinen Plättchen mit den rohen frischen Gemüsen, die man sich selbst anmachen kann (wer dazu viel Öl verwendet, hat sich schon um den Genuß gebracht!), und ein paar Scheibchen Räucherwurst – aber in unsere Haushalte ist diese gute Sitte kaum vorgedrungen. Dafür holen wir uns exotische Sachen, die mit Oberländer Küche gar nichts zu tun haben.
Einige Vorspeisen werden aber doch zubereitet, wenn auch selten in der eigenen Küche:

Geräuchertes Forellenfilet

ist die eine. Da muß man darauf sehen, daß die Filets »aus gutem Hause« sind. Dann sind sie fein gewürzt geräuchert, und wenn sie frisch sind, zart und saftig. Sie sollten auch frisch verzehrt werden. Was bei gewissen Hähnchen »Gummiadler« heißt, kann man sich auch bei Forellen einhandeln. Am besten schmeckt dazu Meerrettichsahne: Frisch in geschlagenen Rahm geriebener Meerrettich. Und ein kleines Stück Holzofenbrot. Ein Filet genügt für eine Person. Ein anderes Vorgericht sind Schnecken.

Schnecken

So, wie sie zubereitet wurden, als die armen Leute am Kaiserstuhl sie zur Sättigung ihrer Familien suchten, ißt man sie längst nicht mehr, seit sie – fast ausgerottet – zu einem Leckerbissen geworden sind. Und so, wie man sie selten im Elsaß noch erwischen kann, wo jemand sich die Mühe nimmt, sie in ihrer besten Zeit zu sammeln, können wir's auch nicht, weil wir auf Konserven angewiesen sind. Diese Schnecken nun werden in Kräuterbutter in ihrem eigenen Haus angeboten, oder nur in ihrem Saft *(Sud).* In beiden Fällen sind sie gar. In einem ofenfesten Schneckenpfännle läßt man die mit Haus im Backofen sehr heiß werden und serviert sie so. Wer kein Schneckenpfännle (mit 6 oder 12 Vertiefungen für die Häusle) hat, füllt ein eisernes Geschirr 2 cm dick mit Salz und drückt die Schneckenhäuser hinein. Sie dürfen halt nicht so unglücklich stehen, daß die Butter herauslaufen kann, wenn sie flüssig wird! Für die »obdachlosen« Schnecken ist man aufs Schneckenpfännle angewiesen. Auch die Schneckenbutter macht man selber. Für 1 Dtzd. Schnecken braucht man: 1 Knoblauchzehe, 2 Schalotten, beides fein gehackt und glasig gedünstet, 75 g weiche Butter, 1 EL rohen, frischen Spinat und 1 EL Peterle, beides fein geschnitten, Salz, Pfeffer, etwas Schnittlauch. Das alles wird gut vermengt. Dann läßt man diese Schneckenbutter unter Umrühren in einer eisernen *Kachel* oder einem Pfännle heiß werden. Die Schnecken kommen mit etwas

von ihrem Saft und ein wenig Weißwein unzerkleinert in die Mulden des warmgestellten Pfännle, in jede eine. (Man kann noch das feingehackte Viertel eines Walnußkerns zu jeder Schnecke geben!). Die Schneckenbutter wird darauf verteilt und die Pfännle bei 200° überbacken, bis die Kruste goldbraun ist. In manchen Gegenden ist es üblich, noch mit geriebenem Käse zu überstreuen. Dort bleiben die Walnußkerne aber besser weg.
Wer den Schneckengeschmack wirklich mag, wird mit allen würzenden Zutaten sparsam umgehen. Als Vorspeise genehmige ich nur sechs Stück pro Person; zwölf sind schon ein rechtes Vesper! Und wer Schnaps dazu braucht, damit er sie gut verträgt, dem sollte man gar keine gönnen. Ein herber, trockener Weißwein gehört dazu und (ungeröstetes) Weißbrot.

Pastetle

werden bei Festessen gern als warme Vorspeise gegeben. Man kann sie mit frischen Erbsen, Ragout von Pilzen oder Kalbfleisch füllen. Das Pastetenhäusle ist beim Bäcker zu kaufen, auch den Blätterteig dafür gibt es in guten Geschäften aus der Tiefkühltruhe. Die Herstellung des Blätterteigs kann man aus allen Kochbüchern erfahren. Aber auch aus Wähenteig gibt es einfache, gute Pastetle (s. S. 154).

Hechtklößle

sind als »Baseler Hechtklößli« bei den Fischspeisen beschrieben.

Vesper

»Guet g'veschperet isch halber g'schafft« gilt überall bei uns bis heute. Deshalb ist das Vesper in allen Bevölkerungskreisen eine hochwichtige Mahlzeit. Sie hat uralte Tradition: zu der Zeit, als die Zünfte das Arbeitsleben regelten und regierten, war die Vesperzeit ebenso in die Arbeitszeit mit eingeschlossen wie die Mittagspause. Ich denke mir, daß die Bezeichnung »das Vesper« wohl aus klösterlicher Umgebung stammt, obwohl die mit Glocken eingeläutete abendliche Gebetszeit die Vesper heißt (lat. vespera = Abend). Jedenfalls machen die zweierlei Artikel den Touristen manchmal Schwierigkeiten. In einer Beiz am Münsterplatz hörte ich, wie ein »Nordlicht« eine Vesper bestellte. Die Kellnerin meinte darauf: »Wenn Sie des welle, müsse Se nüber zum Herr Dompfarrer gehe; veschpere könne Se aber bei uns.« Da sind das »Z'Nüni« und das »Z'Vieri« der (protestantischen) Markgräfler schon klarere Bezeichnungen für die gleiche Sache, falls man alemannisch versteht. Sie meinen die Zwischenmahlzeit um 9 Uhr morgens und um 4 Uhr nachmittags. Übrigens: Ein Vesper gibt man auch den Schulkindern für die große Pause mit, kein Waldarbeiter geht ohne eines zur Arbeit, der Bauer nimmt es auf einen entfernt liegenden Acker mit, und man richtet es sich auch für Wanderungen in den Rucksack. Wenn es sich dabei um zwei zusammengeklappte Scheiben Brot mit Wurst oder sonst etwas dazwischen handelt, sind das »doppelte Bröter«. (»Brote« backt der Bäkker, und da spart man sich hier das Plural-e).

Doch zurück zum Vesper. Da trafen sich noch zu Großvaters Zeiten die selbständigen Handwerksmeister und Geschäftsleute in speziellen »Vesperbeizen« so Mitte des Vormittags. Es gab dort Leberle, Nierle, Ochsenmaulsalätle und andere, oft warme Speisen. Dazu tranken sie ein Viertele, mit Vorliebe leichten, trockenen Gutedel, und nur eins. Die arbeitsteilige Welt läßt solche Unterbrechung des Vormittags nicht mehr zu. Aber auf dem Bau schellt oder pfeift der Kapo immer noch um 9 Uhr, und alle, die dort arbeiten, holen ihr Vesper raus. Der Polier aber »geht veschpere«. Was nun den meisten Leuten um die Vormittagsstunde nicht mehr möglich ist, lassen sie sich aber doch nicht nehmen: Jetzt wird das Oberländer »Z'Vieri« ein wenig nach hinten verschoben, es wird gevespert vor dem Heimweg in einer Beiz, oder aber sofort daheim. Und gerade Leute, die nicht viel körperlich arbeiten, verzichten auf das Abendessen eher als auf das Vesper. Ein bodenständiges Gasthaus ohne große Vesperkarte sieht bald keinen einheimischen Gast mehr. Vom Nobelhotel bis zum kleinsten Bierbeizle macht sie einen großen Teil des Angebots aus. Die lange Einleitung entspricht also durchaus der Wichtigkeit des Themas. Aber jetzt zu den

Leberle, geröstet

Man nimmt traditionsgemäß Kalbsleber, eine frische Rindsleber wird aber auch gut; manche mögen auch Schweineleber. Je zarter die Leber ist, desto mehr muß man bei der Zubereitung aufpassen, damit sie nicht hart wird. Bei alter Leber nützt alles nichts. Auch gefrorene kann man dafür nicht empfehlen. Für eine Vesperportion rechnet man 250 g *gehäutete* in dünne, ca. 2 cm breite Streifen geschnittene Leber, 20 g Butter, 1 EL feingeschnittene Zwiebel. In der Butter werden unter Rühren die Zwiebeln hellbraun gedämpft, dann gibt man die Leber dazu und bewegt sie ungefähr 3 Minuten vorsichtig in der Pfanne, bis die ausgetretene Flüssigkeit fast wieder verdampft ist und die Leber fest und graubraun aussieht. Salz darf erst beim Anrichten dran; es kann die Leber hart machen.

Saure Leberle

fangen genauso an. Man braucht dazu außerdem noch 1 El *gebräuntes Mehl*, 1 KL Weinessig, 1 EL sehr herben Wein, Salz und Pfeffer, ½ Lorbeerblatt. Wenn die Leber geröstet ist, streut man das Mehl darüber, löscht nach 1 Minute mit der angewärmten Brühe ab, fügt erst den Wein, dann den Essig und das Lorbeerblatt zu. Das alles soll zugedeckt 3 bis 5 Minuten dämpfen (es muß ein Sößle geben!). Mit Salz und Pfeffer erst kurz vor dem Anrichten abschmekken,schnell servieren!

Leberle, auch Kutteln und Nierle, darf man in der Pfanne auf den Tisch stellen oder gleich auf den warmen Teller schöpfen; jede Verzögerung oder Temperaturveränderung schadet dem Geschmack.

Saure Nierle

Sie werden meist aus Schweinenieren gemacht. Für 1 Person braucht man 2 Nieren, gehäutet, das Fett entfernt, sonst alles wie bei Leber. Die Nieren werden in dünne Scheiben geschnitten und in heißem Fett angebraten, so daß sie außen grau, innen aber noch nicht *durch*, also rosa, sind. Nun nimmt man sie aus der Pfanne und stellt sie warm. In das Fett kommen Braunmehl und Zwiebeln, man löscht mit Brühe ab, gibt Wein, Essig, Salz und Pfeffer, aber kein Lorbeerblatt zu und kocht die Soße durch. Dann die Nieren hineingeben und nur wieder heiß werden lassen, schnell servieren!

Kutteln

(oder Sulz)
sind die Wände des Netzmagens von Rindern. (Im Kaiserstuhl allerdings werden frische Blutwürste »Kutteln« genannt!). Man kauft Kutteln gekocht am Stück oder in Streifen geschnitten. Als unerfahrene junge Frau ist mir in Hamburg passiert, daß ich Kutteln beim Metzger bestellen mußte, weil sie dort wohl nur von Exil-Süddeutschen verlangt werden, und ich bekam sie ungekocht und hatte große, mir unbegreifliche Mühe, den Kuttelfleck klein zu schneiden. Als sich dann die Streifen in der Soße zu steinharten Kügelchen zusammenrollten, kam es mir endlich: die Kutteln waren nicht gekocht! Da sie 2 bis 3 Stunden brauchen, bis sie weich sind, gab es an diesem Tag keine Kutteln bei uns. Dies nur zur Warnung!

Saure Kutteln und geröstete Kutteln

macht man wie Leberle, nur röstet man sie etwas länger. Die Sauren kann man in der Soße noch kurz mitkochen lassen.

Gallertteller

zu kaufen, ist Vertrauenssache! Man kann nämlich leicht an einen »unechten« kommen, der statt der guten Zutaten mit Gelatine zum Gelieren gebracht wurde! Für die Brühe braucht man:
2 Kalbsfüßle, einige Kalbsknochen, 125 g mageres Rindfleisch (Wadenstück), 2½ bis 3 l Wasser, Salz.
Zur Würze kommen dazu: ⅒ l Weinessig, 1 Stange Lauch, 1 Zwiebel mit 1/2 Lorbeerblatt und 2 Nelken besteckt, 3 Pfefferkörner, 1 Zitronenscheibe.
Mitgekocht werden außerdem 1 Gelberübe, 1 kleine Rotrübe (mit Wurzel und Blattstielen!), ⅛ l Weißwein und etwas Liebstöckelkraut oder ein paar Tropfen Suppenwürze.
Das ist das »klassische« Rezept. Es können aber auch noch 2–3 Peterlewurzeln, 500 g *Schnürrle* und 2 Schweinsfüßle, Öhrle und Ripple mitgekocht werden. Das alles muß 3–4 Stunden kochen. Dann gießt man die Brühe ab und läßt sie kalt werden. Nun kann man die Fettschicht abnehmen. Die Brühe wird nochmals erhitzt und dann geklärt. Mit 1 bis 2 EL Madeira oder Zitronensaft schmeckt man sie ab.
Die Brühe geliert schnell. Wenn man diese Gallert nun zum Überziehen von Platten mit Speisen, die sonst schnell ihre Farbe verändern, benutzen will, kann man sie im Kühlschrank 1–2 Tage aufbewahren und zum Gebrauch wieder etwas erwärmen. Für die Tellergallert kann man Schweineschwänzle, Öhrle, Schnürrle und Ripple gleich mitkochen. Man nimmt jedes Teil heraus, sobald es weich ist, und schneidet appetitliche Teile. Von der heißen klaren Brühe gießt man nun ca. 1 cm in den Boden von kalten Suppentellern, legt Scheiben von gekochtem Ei, Gürkle und ein Blatt Peterle darauf, gießt neue Brühe darüber, dann legt man die Fleischstücke so drauf, daß die Schauseite nach unten kommt, und so weiter, bis der Teller voll ist. Die letzte Schicht soll Gallert sein. Am nächsten Tag ist die Gallert fest und kann auf einen flachen Teller gestürzt werden. Dazu stellt man den Suppenteller so lange in heißes Wasser, bis sich der oberste Rand löst. Man kann auch im Suppenteller servieren; dann muß aber die Garnitur obendrauf kommen! – Tellergallert kann man nicht länger als zwei Tage im Kühlschrank aufbewahren. Nicht einfrieren!

Bibeliskäs, Quark oder Topfen

»Bibeli« heißen die Küken. Denen füttert man zur Aufzucht Quark zu, und drum heißt dieses Milchprodukt *Bibeliskäs.*

Er wird natürlich um so besser, je fetter er ist. Aber zweifellos ist der Magerquark für unsere »sitzende« Lebensweise der richtigere. Wer aber körperlich schwer arbeitet oder Leistungssport treibt, darf ihn sich auch mit Rahm angerührt und mit Flöckchen frischer Butter, die sparsam hineingeschnitten werden, gönnen. In jedem Fall gehört ein Töpfle mit Schnittlauch, eins mit feingehackten Zwiebeln und eins mit Kümmel dazu. Nur, wenn man sich ganz einig ist über den Geschmack des fertig angemachten Bibeliskäs, kann man diese Kräuter oder auch Basilikum, Zitronenmelisse u. a. gleich mit darunter mischen. Sonst sollte jeder die rare Chance, etwas ganz nach seinem persönlichen Gusto anmachen zu dürfen, nutzen!

Münsterkäs

kommt immer noch am besten aus dem Elsaß zu uns, hauptsächlich aus dem Münstertal in den Vogesen. Fast jeder hat eine andere Vorstellung davon, in welchem Reifegrad er am besten ist. Ich mag ihn am liebsten, wenn er keinen weißen »Kern« mehr hat und noch nicht »läuft«. Dazu gibt's Kümmel, Zwiebelringe, schwarzen Pfeffer, Bauernbrot und einen roten Landwein.

Hofsgrunder Käsle

kann man auf dem Markt kaufen, wenn man zeitig dran ist. Sie sind frisch, weiß wie Bibeliskäs, aber fester und eher säuerlich. Man macht ihn nicht an und ißt ihn nur mit Kümmel und Salz.

Eingesalzener Rettich

gehört ebenfalls zu den beliebten Vespergerichten. Wir nehmen hier am liebsten den großen roten Rettich dafür, aber natürlich schmeckt auch der riesige bayerische weiße Bierrettich gut. Jeder wird leicht abgeschabt, die kleinen Wurzeln weggeschnitten. Ein kurzer Rest der Blattstiele soll dranbleiben. Zum Schneiden braucht man ein scharfes Messer mit einer mindestens 10 cm langen, geraden Klinge. Man legt den gewaschenen Rettich quer zu sich selber auf ein Schneidbrett und fängt an seinem spitzen Ende an, ihn so fein wie möglich einzuschneiden. Den Messergriff hält man etwas hoch, die Klinge steht dabei etwa im rechten Winkel zum Rettich, und man darf nicht tiefer einschneiden, als bis die Messerspitze auf dem Brett aufstößt! Jetzt dreht man den Rettich um und fängt wieder an, ihn von seiner Spitze her ebenso einzuschneiden, nur legt man vorher den Rettich samt Brett schräg vor sich hin, schneidet aber in der alten Richtung. (Dieses Schneiden hört sich in der Beschreibung viel schwieriger an als es ist. Wer es einmal bei einem »Könner« abgeguckt hat, sieht, daß es in der Praxis ganz einfach geht.)
Der so vorbereitete Rettich muß nun vorsichtig von allen Seiten mit Salz eingerieben werden. Dann wird er in einen tiefen Teller gelegt, bis er »schwitzt«, d. h. bis das Salz anfängt, Saft herauszuziehen. Dadurch verliert der Rettich etwas von seiner Schärfe. Wer ihn ganz mild mag, drückt ihn noch aus. Hat man genau nach Vorschrift geschnitten, läßt sich der Rettich nun in eine schöne Spirale auseinanderziehen. So ißt man ihn mit einem herzhaften Butterbrot und feingeschnittenem Schnittlauch. Ein schönes Bier schmeckt am besten dazu.

Ochsenmaulsalat

ist aus feingeschnittenem, gekochtem Ochsenmaul. Er wird mit Essig und Öl, Salz, Pfeffer und viel Zwiebeln angemacht. Etwas durchziehen lassen, bevor er auf den Tisch kommt!

Holzbrettvesper

Auf ein geräumiges Holzbrett gehört durchwachsener Speck in 1 cm dicken Scheiben, geräucherte, harte Schwarzwurst, Bauernbratwurst aus dem Rauch, ein Stück echter Schweizerkäs, ein Senftopf, Bauernbrot und ein Gläsle Kirschwasser.

Elsässer Wurstsalat

Dazu schneidet man ebensoviel gute Lyonerwurst wie Emmentaler Käse in dünne schmale Streifen und mischt beides. Eine Salatsoße aus ⅔ Öl, ⅓ Essig, viel feingehackten Zwiebeln, Pfeffer, Peterle und Essiggürkle sollte mindestens eine halbe Stunde lang das Gemisch durchziehen. Vorsicht mit Salz! Wurst und Käse können genug davon enthalten!

Wurstaufschnitt

spielt, wie alle Wurst hierzulande, auch beim Vesper ihre Rolle: als schön angeordnete Vielzahl von frischen Wurstsorten, mit gespaltenen Gürkle garniert. Es gibt Metzgereien, die bis zu 70 Frischwurstsorten herstellen! Davon sind »außer Landes« viele nicht zu haben: Gelbwurst und Schwartenmagen z. B.

Schwartenmagen

ist in leere Magenwände eingefüllte Sülze aus Kalbskopf oder Schweinefleisch (Öhrle, Schnürrle u. a.). Man schneidet davon 1 cm dicke Scheiben und übergießt sie mit einer Soße aus Essig, Öl und Salz und viel feingeschnittener Zwiebel.

Speck

wird, wenn er hart geräuchert und durchwachsen ist, in 1 cm dicke Scheiben geschnitten, mit der Schwarte und einem scharfen Messer auf Holzbrettle serviert und nur mit Bauernbrot gegessen. Was anderswo roh geräucherter Schinken heißt, nennen wir auch schlicht Speck, höchstens Schinkenspeck. Aber wir schneiden ihn in dünnere Scheiben auf!
Und ein »Hefe« (= Weinhefeschnaps) dazu schadet nie.

Froschschenkel

Seit der Rhein und andere Flüsse reguliert sind, fehlen die Sümpfe mit ihren Schnaken und Bremsen, von denen sich die Frösche ernährten, und die wenigen, die es noch gibt, sind nicht mehr »jagdbar«. Die guten Rezepte, die es vordem für Froschschenkel gab, könnten nur noch für Importschenkel fremder Frösche verwendet werden; drum lasse ich sie weg.

Inschrift an einem alten Gasthaus
in der Gegend von Lahr:

Am Werdig en
Knuße Brot us em huseigene Bachofe,
und derzue e Möggeli Speck, ganz fin geschnitte,
Sundigs derzue e selberbrennts Chriesewässerli, e weng e alts,
Fürdigs awer e Vierteli Schutterlindeberger oder a zwei,
und des all Johr a Lewe lang un gsund derbi –
Meinsch nit, mer sott a weng meh
z'friede sin?

Erdäpfel, Grumbüre, Herdöpfel

oder ganz einfach:

Kartoffeln

Die brauchen ein ganzes Kapitel für sich, denn bei aller Liebe zu den Mehlspeisen gehören die Erdäpfel bei uns überhaupt nicht »in den Keller«. Schließlich stand ja auch das Denkmal für Sir Francis Drake, der die Kartoffeln aus Amerika nach Europa brachte, in Offenburg – wenn auch aus reinem Zufall. Und das kam so: Ein Straßburger Bildhauer schuf Mitte des 19. Jahrhunderts ein Denkmal für den englischen Admiral aus der Zeit der Entdeckungen. Mit den Emblemen des Seemanns, aber auch mit einem Büschel Kartoffeln stellte er ihn dar als den Mann, »der Millionen von Menschen vom Hungertod errettet hat«, wie er selber dazu schrieb. Straßburg wollte aber das Denkmal nicht haben; deshalb schenkte es der Bildhauer der Nachbarstadt Offenburg, und da stand es von 1853 an auf dem Marktplatz. Es wurde von den Offenburgern hochgeschätzt, war als Sehenswürdigkeit weithin bekannt und hieß »der Kartoffelmann«. In allen Erdäpfel anbauenden Gegenden wußte man von ihm – wenn auch nicht immer Genaues: Unter den vielen Briefen, die des Denkmals wegen an die Stadtverwaltung geschrieben wurden, war auch einer mit der Anschrift: »Herrn Franz Drake, Kartoffellieferant, Offenburg, Marktplatz«. Nach 1933 erregte das Denkmal für einen Ausländer bei einigen Parteigrößen Anstoß. Die Offenburger Stadtväter aber kümmerten sich nicht um die Anord-

nung, es zu entfernen. 1939 wurde es dann in einer Nacht von rabiaten Nazis völlig zerstört. Den »Kartoffelmann« gibt es seither nur noch in der lebhaften Erinnerung aller eingesessenen Offenburger; aber die Feldfrüchte, die Francis Drake einführte, haben einen festen Platz in fast jeder Mahlzeit. Und die Köchinnen und Köche haben sich interessante Zubereitungsarten einfallen lassen.

Schweller

frisch in der Schale gekocht, sind zu vielen Speisen oft die einzig richtige Beilage. Wer sie gern aufgesprungen hat, muß dafür eine mehlig kochende Sorte nehmen und jede Kartoffel vor dem Kochen an der Längsseite einschneiden, damit ihr Saft verdampfen kann.

Brägel oder Bratkartoffeln

werden aus am Tag zuvor gekochten *Schwellern* gemacht. Nicht wenige Leute zählen sie zu ihren Leibgerichten! Früher gab es sie zu jedem Abendessen in der Familie, noch früher wurden sie mit *gestockter* Milch oder Buttermilch schon zum Frühstück gegessen. Jetzt geht man der Kalorien wegen etwas sparsamer damit um. Dabei kommt es bei den Brägeln weniger auf die Menge des verwendeten Fetts an als auf die sorgfältige Zubereitung. Die kalten *Schweller* werden geschält und in dünne Blättchen geschnitten. In einer eisernen Pfanne mittlerer Größe läßt man 1 EL Öl mit 1 EL Butter heiß werden. Dann gibt man nur so viel Blättle hinein, daß der Boden 3 bis 4 cm dick bedeckt ist und läßt sie sitzen, bis sie goldgelbe Krusten haben. Nun streut man 1 EL feingeschnittene Zwiebel und etwas Salz drauf, wendet alles und läßt die andere Seite goldgelb braten. Dann sollten sie oben noch etwas gesalzen werden und schnell auf den Tisch kommen. So gibt's nur 2 bis 3 Portionen, aber *rösche*, gute. Für mehr Leute muß man evtl. mit mehreren Pfannen arbeiten. Aber eine gehäufte Pfanne voll gibt auch mit viel Fett nur lahme, bappige Brägel. Am allerbesten schmecken sie, wenn sie auf eisernem Herd mit Holzfeuer gemacht sind.

Bauernfrühstück

nennt man *Brägel*, die mit gerösteten Speckwürfeln gebraten werden. Vor dem Wenden werden sie mit Rädle von

geräucherter Bauernbratwurst, Schwarzwurst und Zwiebeln belegt. Sind sie umgedreht, gießt man 2 verklepperte Eier darüber und paßt auf, daß die Brägel auf den Tisch kommen, wenn die Eier gerade nur gestockt sind. Mit einer Schüssel grünem Salat ist das eine vollwertige Hauptmahlzeit.

Geriebene Bratkartoffeln

Die tags zuvor gekochten Erdäpfel werden in grobe Stifte *gerieben*, auch eine mittelgroße Zwiebel. Für jede Portion verrührt man ein Ei mit Salz, Peterle und Majoran Für 2 Personen gibt man 1½ EL *Butterschmalz* in eine flache Pfanne. Die Stifte und das Eigemisch werden vermengt und 3 bis 5 cm dick auf das heiße Fett gestrichen. Nicht festdrücken! Dann diesen Kuchen unten goldgelb backen und in eine zweite, mit nur ½ EL Fett vorbereitete Pfanne *stürzen* und nochmals kurz anbraten.

Berner Röschti

wird aus halbgaren *Schwellern* gemacht. Man reibt sie in feinere Stifte, brät sie in heißer Butter mit oder ohne Zwiebeln an, stürzt sie wie oben in eine zweite Pfanne und läßt sie darin langsam gar braten. Aus frisch geernteten, also »neuen« Erdäpfeln machen wir gern

Kümmelkartoffeln

Dazu sucht man sich längliche, nicht so dicke heraus und kocht sie halb gar. Dann schneidet man sie mit der Schale der Länge nach so durch, daß sie möglichst flach sind. Ein gebuttertes Backblech wird mit Kümmel bestreut und die halben Kartoffeln mit der Schnittfläche draufgelegt. Jedes Stück bekommt noch ein Butterflöckchen auf die Schale, und dann schiebt man das Blech in den auf 200° vorgeheizten Backofen. Wenn die Schnittflächen hellbraune Krusten haben und die Erdäpfel *durch* sind, werden sie auf eine heiße Platte geschichtet und zum Beispiel zu Bibeleskäs serviert. Ganz besonderer Wertschätzung erfreuen sich bei uns die

Rahmkartoffeln

Ich schäle dafür die *Schweller* am Tag zuvor warm und lasse sie so bis zum nächsten Tag stehen. Dann mache ich eine Mehlschwitze von 2 EL Fett und 2 EL Mehl (für 4 Personen), lösche mit ¼ l Milch ab und würze mit Salz. Unter Rühren lasse ich die weiße Soße wieder dick werden und gut durchkochen. Dann kommen ⅛ l süßer Rahm und 2 EL gehackter Peterle dazu. Die Kartoffeln werden in ½ cm dicke Rädle hineingeschnitten, soviel von der Soße bedeckt werden können. Bei kleiner Flamme und unter ganz vorsichtigem Bewegen (die Rädle sollen möglichst nicht zerfallen!) wird alles zusammen heiß gemacht. Vor dem Anrichten werden noch 2 EL gröber geschnittener Peterle daruntergemischt. Wir essen heißgemachte Fleischwurst und Rahnensalat dazu.

Kartoffelsalat

ist schon fast eine Weltanschauungsangelegenheit. Das Hausrezept wird beinahe so eifersüchtig gehütet wie das der Sachsen für ihre Stollen! Über eines ist man sich hierzulande jedoch einig: Mayonnaise darf nicht dran! Er soll *glitschig* sein, aber ja nicht bappig! Manche Leute machen ausgebratenen Speck drunter, andere Kresse oder saure Gürkle – und eine Wirtin kenne ich, die sagt einem kühl, es könne heute keinen Kartoffelsalat geben, denn sie habe keine Schäufelebrühe dazu! Wir mögen »unseren« Erdäpfelsalat so:

Frisch gekochte, feste Kartoffeln (am besten sind die *Müüsle* = Mäuslesorte) werden heiß geschält und in feine Blättle geschnitten. Für ungefähr 1 kg Kartoffeln rühre ich eine Soße aus ½ l guter warmer Fleischbrühe, 1 bis 2 EL feingehackten Zwiebeln, 2 EL Öl, 2 EL Essig, Pfeffer und Schnittlauch. Mit Salz muß man vorsichtig sein, weil schon genug davon in der Brühe ist. Diese Soße muß so lange gerührt werden, bis sie glasig-trüb aussieht. Dann gieße ich sie über die warmen Kartoffeln, vermische alles ein wenig und lasse den Salat stehen. Nach 10 Minuten sieht man, ob die Kartoffeln alle Brühe aufgenommen haben, ob sie trokken sind oder *schwimmen.* Das richtet sich nämlich nach ihrem Feuchtigkeitsgehalt. Je nachdem muß man warme Brühe zugeben oder die überschüssige abschütten. Dann vermischt man noch einmal und schmeckt nach Salz ab. Ein Kränzle Kresse oder Sonnenwirbele obendrauf schmeckt gut und sieht hübsch aus – Tomaten läßt man besser weg.

Saure Blättle

Für 1 kg Kartoffeln macht man dazu eine saure braune Soße aus 30 g Fett, 50 g Braunmehl, 1 EL gehackten Zwiebeln, ¾ l Brühe, Salz, 3 EL Essig oder 1 EL Essig und 2 EL Rotwein, 2 Lorbeerblättern, 1 Nelke, 1 gehackten Liebstökkelblatt. Diese Soße soll mindestens 20 Minuten *köcheln,* bevor die frisch in der Schale gekochten *Herdöpfel* geschält – zu 1 cm dicken Blättle geschnitten – noch warm dazukommen. Alles zusammen muß wieder gut heiß werden.

Bei uns gab's das manchmal freitags, mit viel grünem Salat dazu. Aber im Krieg wurden meistens die schlechten schwarzen Kartoffeln dazu verwendet, weil man ihre Beschaffenheit in der braunen Soße wenigstens nicht so sah. Niemand hat nach dieser Art von Zubereitung jemals wieder Gelüste gehabt!

Kartoffelküchle

Die Schweller werden geschält und durch den Wolf getrieben oder glatt zerstampft. Wenn sie neu oder sehr feucht sind, gibt man 1 bis 2 EL Mehl dazu. Außerdem, für 1 kg Kartoffeln, 3 Eier, Muskat von der Nuß, Majoran und je 1 EL feingeschnittene Zwiebel und Peterle, in 1 KL Fett glasig gedämpft. Das muß einen festen Teig geben, aus dem man mit bemehlten Händen Küchle von 5 bis 7 cm Durchmesser und 3 cm Dicke formt. In heißem Kokosfett bäckt man sie in der Pfanne auf beiden Seiten knusprig braun. Sie schmecken sehr gut zu Schweinebraten und allem Kraut.

Schupfnudeln:

Im Schwarzwald heißen sie *Bubespitzle*, und so müssen sie aussehen, wenn sie gekocht sind. Am besten werden sie, wenn die Kartoffeln schon »alt« sind, so von März ab. Man macht einen Teig aus ½ kg am Tag zuvor gekochten Kartoffeln, 100 bis 200 g Mehl, 4 Eiern, Salz und Muskat. Daraus formt man eine Rolle von etwa 5 cm Durchmesser. Die schneidet man mit mehligem Messer in 1 cm dicke Scheiben. Jede Scheibe wird zu einem Würstle mit spitzen Enden *geschupft*, d. h.: mit der Hand auf bemehltem Brett in die Form gewellt und von sich weggestoßen, *geschupft*. Sie sollten 8 bis 10 cm lang und 1 bis 2 cm dick sein. In strudelndem Salzwasser werden die Nudeln in Portionen von ungefähr 10 Stück nacheinander abgekocht. Wenn sie im Wasser hochkommen, gleich herausnehmen, mit kaltem Wasser abschrecken und nebeneinander auf eine Platte legen. Sind alle gekocht, werden sie in der Pfanne goldbraun auf beiden Seiten gebraten. Sie gehören zu Sauerkraut und Braten, oder man ißt Kompott aus Dörrobst dazu. Will man die Schupfnudeln nicht anbraten, kann man sie mit Butter und braunen Zwiebeln oder in Butter geröstetem Weckmehl *abschmälzen.* Dieses Rezept müßte für 4 Personen genügen – es reicht bei uns aber nie!

Roggen-Schupfnudeln

Im Hochschwarzwald macht man noch eine andere Sorte Schupfnudeln, die eigentlich bei den Mehlspeisen aufgeschrieben werden müßte. Sie sind nämlich aus einem festen Teig, der nur aus Roggenmehl und Wasser besteht. Sie waren lange Zeit als »Arme-Leute-Essen« aus der Mode gekommen. Sie gehören auch nicht zu den Gerichten, die man schnell in der Mittagspause zubereiten kann. Aber inzwischen hat man sie ihrer Schmackhaftigkeit und Originalität wegen wiederentdeckt und etwas üppiger ausgestattet, was sicher unter früheren Vorstellungen von sparsamem Kochen nicht möglich war – und auch heute nicht nötig ist, möchte ich hinzufügen! An den Grundzutaten hat sich nichts geändert: Man braucht dazu Roggenmehl und Wasser, sonst nichts. Das Mehl wird mit so viel Wasser angerührt, daß es einen sehr festen, glatten Teig gibt. Kein Salz zufügen, sonst fallen die Nudeln beim Abkochen leichter auseinander! Aus diesem Teig schupft man nun zwischen den Handflächen Würstle mit spitzen Enden, die aber höchstens so lang und dick wie ein kleiner Finger sein dürfen. In gut gesalzenem, kochendem Wasser werden die Nudeln portionsweise gekocht, bis sie an der Oberfläche schwimmen, herausgenommen, abgetropft und auf eine heiße Platte gelegt. Nun kann man sie entweder in der Pfanne anbraten, sobald sie kalt geworden sind, oder gleich mit in viel Butter braun gerösteten Zwiebeln abschmälzen. Es schmeckt auch sehr gut, wenn man feine Würfele von geräuchertem, durchwachsenem Speck in etwas Öl röstet, dann Zwiebeln zugibt und alles zusammen über die Schupfnudeln verteilt. Auf jeden Fall gehört Sauerkraut dazu!
Man mußte »auf dem Wald« halt mit vielem sehr sparen: Es wächst einem dort wenig »in den Mund«! Trotzdem – oder deswegen – stammt von dieser rauhen Gegend der Spruch:
»Butter, Zucker und Rahm könne nit viel verderbe!«

Herdöpfelschnitz

heißen im Schwarzwald die Salzkartoffeln. Sie werden roh geschält und der Länge nach in vier Teile geschnitten. Mit Salzwasser fast bedeckt, werden sie weich gekocht. Vor dem Auftragen schmälzt man sie mit viel in Butter gerösteten kleingeschnittenen Zwiebeln ab und serviert sie mit dem Kochwasser. In manchen Gegenden nimmt man mehr Wasser, als die Kartoffeln zum Garen brauchen, und kocht kleine Speckwürfel mit. Diese Herdöpfelschnitze werden gern zu gekochtem Fleisch gegessen.
Die trockenen Schnitze dagegen sollen richtig »trocken« und mehlig sein. Deshalb schüttet man überflüssiges Wasser ab, wenn die Schnitze gar sind, und läßt den Topf noch kurz ohne Deckel auf kleiner Flamme stehen. Dann kommt der Deckel wieder drauf, und man schüttelt die Kartoffeln im Topf noch ein wenig, bevor man die Schnitze anrichtet. Aus diesen Kartoffeln macht man auch den

Kartoffelstock (-brei)

Die heißen Salzkartoffeln werden durch die Kartoffelpresse gedrückt oder fein zerstampft (nicht mit einem Mixgerät zerkleinern: Sie werden damit leicht *schliefig*). Inzwischen hat man für ½ kg Kartoffeln ca. ⅓ l Milch mit 10 g Butter, Salz und etwas Muskat heiß, aber nicht kochend werden lassen und schüttet es über die Kartoffeln. Und dann muß mit dem Schneebesen geschlagen werden, was das Zeug hält, bis der Brei ganz weiß, zart und locker ist. In einem Metallgeschirr wird der Kartoffelstock beim Schlagen leicht grau – in einer *irdenen* Schüssel passiert das nicht. Ist der Brei abgekühlt, kann er im Backofen aufgewärmt werden. Besser ist er, wenn er das nicht nötig hat.

Brühkartoffeln

ißt man gern zu gekochtem Ochsenfleisch; ⅔ der benötigten Menge sind in 1 cm große Würfel geschnittene rohe Kartoffeln, ⅓ sind Gelberüben-Würfele. Man kocht sie in Salzwasser oder Brühe und gibt etwas Peterle, Sellerie und Lauch unzerschnitten dazu, wenn man keine Brühe hat.

Das Gemüse soll gerade eben von der Flüssigkeit bedeckt sein, wenn man es aufsetzt. Es wird gekocht, bis die Kartoffeln fast zerfallen und die gelben Rüben weich sind. Man nimmt das zugegebene Würzgemüse vor dem Anrichten heraus und serviert das andere in der Brühe. Aus rohen Kartoffelwürfeln sind natürlich auch die

Rohgebratenen

oder, elsässisch,

Raijbrägelte

Man schneidet wieder 1 cm große Würfel und trocknet sie in einem Tuch ab. In einer Pfanne läßt man Öl, Schweineschmalz oder Kokosfett recht heiß werden – es darf aber nicht rauchen!! – und schüttet die trockenen Kartoffelwürfele gleichmäßig drauf. Wie Brägel werden auch die Rohgebratenen nur gut, wenn man nicht zu viele auf einmal macht. Sie dürfen erst umgedreht werden, wenn sie ein goldgelbes Krüstle haben. Dann schaltet man die Hitze zurück und brät die Kartoffeln, bis sie gar und auf möglichst allen Seiten hellbraun sind. Rösch müssen sie sein, deshalb schnell servieren und am besten erst auf dem Teller salzen!

Aufgezogene Blättle (»au gratin«)

Kennen wir aus der Schweiz. Halbgare *Schweller* werden geschält und in dünne Scheiben geschnitten. Eine Auflaufform wird mit Butter und einer Knoblauchzehe ausgerieben. Ungefähr 4 cm hoch schichtet man die Blättle sorgfältig in die Form, so, daß kleine Zwischenräume bleiben. Aus 3 EL saurem Rahm, 1 Ei, 2 EL geriebenem Käse, Salz und Pfeffer macht man ein Gemisch, das man über die Kartoffelblättle verteilt. So kommt die Form in den Backofen und braucht bei guter Hitze 20 bis 30 Minuten, bis sich oben eine helle Kruste gebildet hat und die Kartoffeln durch sind.

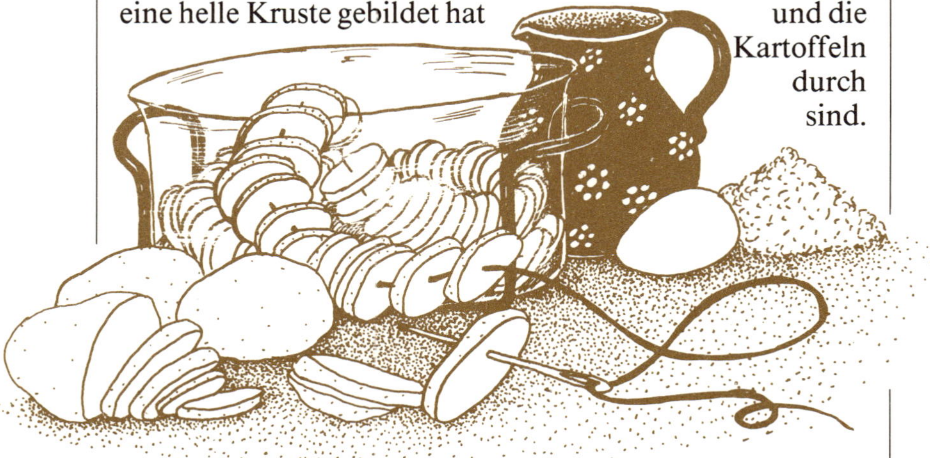

Pfannen

Man braucht dieses Grundelement jeder Küchenausrüstung fortwährend: zum Kurzbraten, Dämpfen, Abschmälzen usf., in verschiedenen Größen, mit und ohne Deckel. Über ihre Beschaffenheit könnte man sich unentwegt streiten, denn es kommen immer neue Pfannenideen auf den Markt: die Nebenprodukte neuester Technologien wie Beschichtungen, die fettfreies Braten ohne Ansetzen ermöglichen, ganz leichte Geschirre, solche mit speziell geformten oder hitzespeichernden Böden und auch wieder die schweren gußeisernen. Alle haben sie ihre unbestreitbaren Vorzüge. Gewohnheiten, Fertigkeiten, Überzeugungen und nicht zuletzt die Art der Kochstelle spielen bei der Wahl eine Rolle. Für alle Sorten gelten aber zwei wichtige Regeln: Eine Pfanne muß sehr hohe Hitze vertragen und halten können und auf Elektroplatten so genau wie möglich aufsitzen. Und Pfannen sollten nie mit fettlösenden Spülmitteln gesäubert werden, weil sonst das nächste Bratgut wie bei einer neuen Pfanne wieder anhängt, auch wenn man viel Fett nimmt. Wo die Pfanne täglich benutzt wird, reibt man sie am besten mit sauberem Papier aus. Hat sich etwas angesetzt, gibt man sofort heißes Wasser hinein und bürstet es weg, solange die Pfanne noch heiß ist. Eine Ausnahme von dieser Regel ist nötig, wenn Pfannen nur in großen Zeitabständen benutzt werden: Dann muß das Fett weggespült werden, weil es sonst ranzig wird, und man muß den ersten Pfannkuchen, der wieder gebacken wird, wegwerfen (Ski- und Wanderhüttenerfahrung!).

Eintöpfe und salzige Aufläufe

Das sind oft sehr praktische, arbeitsparende Gerichte. Und meistens kann man sie in einer ruhigen Stunde vorrichten. Aber manchmal braucht man dazu ebensoviel Zeit, wie wenn man in mehreren Töpfen kocht. Jedenfalls bieten sie der Phantasie reichliche Entfaltungsmöglichkeiten, vor allem bei der Resteverwertung. Eintöpfe gelingen auch besonders gut im Dampfkochtopf. Und es ist wohl nützlich, wenn man dazu ein Wort vorweg sagt.

Der Dampf-kochtopf

wird von verschiedenen Firmen in unterschiedlichen Größen hergestellt. Alles, was man darin kocht, ist viel schneller gar, und dadurch bleiben wertvolle Stoffe von Gemüsen, Fleisch, Suppen und Soßen erhalten, und die Gerichte sind schmackhafter und gesünder. Die Leute, die Angst davor haben, daß das Gerät »explodieren« könnte, haben entweder ein vorsintflutliches Modell oder überhaupt immer und vor allem Angst. Jedem Topf liegt vom Hersteller eine Anweisung für seine richtige Handhabung bei, und wenn man sich danach richtet, kann nichts schiefgehen. Es sei denn, man hat einen Buben, der sich selber Schweller kocht und zum Öffnen des heißen Topfes statt Verstand und kaltem Wasser rohe Gewalt anwendet! Da hängen dann die Schweller an meiner frisch gestrichenen Küchendecke; aber sonst ist nichts passiert, und auch das nur einmal in den 30 Jahren, in denen ich täglich im Dampftopf koche. Man muß dem Hersteller auch glauben, daß man keinen Dampftopf mit mehr als ¾ seines Fassungsvermögens füllen darf, besonders wenn es sich um Brühen handelt. Sonst spritzt die Flüssigkeit durch das Ventil aus, wenn sie kocht; das Beste davon ist weg, und man muß die halbe Küche putzen. Was die Garzeiten anbelangt, richte man sich nach den Tabellen, die man beim Kauf des Topfes mitbekommt. Da ich hier hauptsächlich Rezepte festhalte, die lange vor dem Dampfkochtopf entstanden sind, und da auch nicht jeder das sinnvolle Gerät besitzt, bleibe ich bei den Zeitangaben, wie man sie für Zubereitungen in normalen Töpfen ansetzen muß.

Linsen mit Würstle

muß ich zu allererst aufschreiben.

Schließlich hat im Alten Testament Esau den Jakob um ein Linsengericht verraten! Und wahrscheinlich hat man die Linsen damals genauso gekocht wie heute. Natürlich gibt's gute Linsen auch als Konserven, sogar fix und fertig kann man sie kaufen. Aber man sollte doch wissen, wie man sie selber vor- und zubereitet. Es gibt große graue Linsen getrocknet zu kaufen und kleinere rotbraune. Mir sind für den Linseneintopf die letzteren lieber. Zum Glück muß am Abend vorher, wenn sie eingeweicht werden sollen, nicht mehr die Kinderschar um den Tisch herum sitzen und sie verlesen, wie weiland Aschenputtel! Und niemand wünscht sich, daß es noch einmal so kommt, wie nach dem Krieg, als wir die »hopsenden« Linsen aus den »ruhigen« herauslesen mußten! Da bekamen wir nämlich eine Qualität, die von kleinen Viechern bewohnt war. Die hopsten bis zu 10 cm hoch mitsamt ihrer »Gastwirtschaft«! Aber auch diese Erlebnisse haben der Liebe zu den Linsen nichts anhaben können.

500 g Linsen werden also am Abend vor dem Essen mit warmem Wasser eingeweicht. Mit frischem Salzwasser werden sie dann aufgesetzt, so daß sie gut damit bedeckt sind. Bei fest schließendem Deckel brauchen sie anderthalb bis zwei Stunden Garzeit. Sind sie weich, aber nicht zerfallen (evtl. muß man Wasser nachschütten, aber heißes!, und es ist gut, wenn man danach schaut, bevor es angebrannt riecht!), dann nimmt man die Linsen vom Feuer und schüttet überflüssiges Kochwasser ab. Aus 2 EL Fett, 1 EL Mehl, 1 feingeschnittenen Zwiebel und 1 EL geraspelter Gelberübe macht man eine Schwitze und rührt sie so lange, bis die Zwiebeln hellbraun sind. Mit Brühe oder Wasser löscht man ab und rührt den Brei unter die Linsen. Manche Leute kochen zum *Abbinden* rohe Kartoffelwürfele mit, manche mögen's lieber ungebunden und lassen auch das Mehl weg: Geschmacksache! Einig ist man sich darin, daß vor dem Anrichten Rotwein dran muß. Es darf sogar ein lieblicher sein. Essig, aber nur 1 EL, tut's auch. Die Würstle, 1 bis 2 pro Person, kann man sowohl in Rädle von 1 cm Dicke schneiden und vor dem Wein zugeben, oder extra heiß machen und nachher obendrauf legen.

Nur Wienerle, Villinger oder Saitenwürstle, wie man sie grad nennt, sollten es sein; keine groben und scharf gewürzten. Im Schwäbischen gibt man noch Spätzle dazu oder darunter – es lohnt sich, da mal »fremd zu gehen«!

Erbsen mit Speck

Dazu braucht man 500 g gelbe, geschälte, getrocknete Erbsen, die 24 Stunden eingeweicht werden müssen 500 g Bauchspeck samt Schwarte wird in große Scheiben geschnitten. Man setzt die Erbsen mit dem Einweichwasser und Salz auf und kocht sie wie Linsen weich. Dann werden 50 g Butter daruntergezogen und der Speck hineingelegt, bis er glasig aussieht. Die Erbsen sollten nicht zu Brei verrührt werden, sondern noch *Biß* haben. (Für Erbsenbrei zu Sauerkraut rührt man sie aber glatt oder *passiert* sie.)

Erbsen mit Schweinsohr

Man kocht dazu 100 g gesalzenes Schweinsohr in 1½ l Gemüsebrühe etwa dreiviertel Stunden weich, schneidet es dann in dünne, 3 cm lange Streifen und gibt diese

samt Brühe in 6 bis 8 gehäufte EL dicken durchpassierten Erbsenbrei und kocht alles miteinander auf. Mit braunen Zwiebeln abschmälzen!

Weiße Bohnen mit Speck

»Weiße Bohnen« sind die reifen Samenkerne in den Bohnenschoten. Von den rotblühenden »Feuerbohnen« kann man die bunten Kerne auch dafür nehmen. 500 g getrocknete Bohnen werden wie die anderen Hülsenfrüchte vorbereitet, zum Kochen gibt man Bohnenkraut dazu. Eine Mehlschwitze wie oben, nur muß sie diesmal hell bleiben. Der Speck, 250 g hart geräucherter, durchwachsener, in kleine Würfel geschnitten, wird mit der Schwitze den Bohnen beigegeben. (Die Speckschwarte kann man schon vorher mitkochen!) Alles miteinander muß noch 10 Minuten köcheln.

Nudelsuppe mit Rindfleisch

Das Samstagsessen! Man macht eine Fleischbrühe und legt das Suppenfleisch gleich beim Aufsetzen mit hinein, denn seine »Kraft« wird ja auch in der Brühe mitverzehrt. Sonst geht alles weiter wie bei der Nudelsuppe. Ist das Fleisch gar, siebt man die Brühe ab und schneidet das Fleisch, die Gelberüben und den Sellerie in Würfel und gibt sie mit den abgekochten Nudeln in so viel Brühe, daß die Einlagen gerade noch schwimmen. Alles muß noch einmal sehr heiß gemacht werden und wird beim Anrichten mit Muskat und Schnittlauch bestreut.

Maultaschen

Hier wird der längst in der Luft liegende Streit zwischen Schwaben und Alemannen offenkundig: Wer hat was erfunden, und wo ist was wirklich daheim? Ich glaube, die Urheberrechte für die Maultaschen müssen wir den Schwaben lassen. Trösten wir uns damit, daß etliche Volkskundler die Schwaben auch zu den alemannischen Stämmen zählen. Für die Nordschweizer sind sowieso alle ihre deutschen Angrenzer »Schwobe«. Also schreibe ich eben auf, wie wir Maultaschen machen. Die weitere Streitfrage, ob sie mit Spinat- oder Fleischfülle »richtig« sind, mögen die Schwaben entscheiden.

Man muß Nudelteig machen (siehe »Nudeln«). Der wird in große Rechtecke dünn ausgewellt. Dann macht man die

Füllung. Sie besteht für 4 Personen aus 100 g Speck, 1 Zwiebel (im Sommer nimmt man das grüne Kraut, die *»Schlutten«)*, 4 alte Weckle, Peterle, 250 g gekochten Spinat, 50 g rohen Spinat, 4 Eier, 300 g *Brät* (das ist die Füllung der feinen Bratwürste), Salz und Muskat. Die Weckle werden in Wasser eingeweicht. Den Speck schneidet man in Würfele, *läßt ihn aus,* bis er glasig ist und dünstet darin die feingeschnittene Zwiebel glasig. Die Weckle werden ausgedrückt. Den gekochten Spinat *verwiegt* man mit dem rohen zusammen ganz fein und mengt ihn unter die Weckle. Dann arbeitet man *Brät* und Eier darunter und würzt mit Peterle, Salz und Muskat. Die Masse soll streichfähig sein und wird auf die Mitte der Nudelkuchen von oben bis unten verteilt. Die eine leergebliebene Seite schlägt man über den gefüllten Streifen und bestreicht die Oberseite mit Eiweiß. Die andere leere Seite wird darübergeschlagen und auf dem Eiweiß festgeklebt. Mit einem Backrädle, das man immer wieder in Eiweiß tunkt, teilt man den langen gefüllten Streifen in 5 cm Abstand in Vierecke oder Rhomben. Diese Stücke sind die rohen Maultaschen. Sie werden nun in einem breiten Topf in sprudelndes Salzwasser eingelegt: nicht mehr, als nebeneinander Platz haben, wenn sie an die Wasseroberfläche kommen. Dort müssen sie noch 10 bis 15 Minuten ziehen. Dann kommen sie in der Brühe auf den Tisch. Man kann sie vorher mit Schnittlauch bestreuen, mit gerösteten Zwiebeln oder Weckmehl abschmälzen.

Schinkenmakkaroni

sind schon einfacher zu machen. Man kocht 500 g Makkaroni oder Hörnle ab und schichtet sie dann abwechselnd mit insgesamt 200 g feingeschnittenem gekochtem Schinken in eine gebutterte Auflaufform. Obendrauf müssen Makkaroni sein. Aus 4 bis 6 Eiern, ¼ l Rahm, 100 g geriebenem Schweizerkäse, Salz und Muskat rührt man ein glattes Gemisch und gießt es gleichmäßig darüber. Zum Schluß werden einige Butterflöckchen darübergeschnitten. So kommt der Auflauf in den Backofen und braucht bei 175–200 Grad 20 bis 30 Minuten zum Garwerden. Dazu muß sich oben eine goldbraune Kruste gebildet haben, und das Eiergemisch darf nicht mehr naß sein. Das probiert man, indem man mit einem Holzstäbchen in der Mitte einsticht; wenn noch Flüssigkeit dran hängenbleibt, ist der Auflauf noch nicht fertig.

Spinatauflauf

750 g Spinat werden gewaschen, die harten Stiele abgemacht und die rohen Blätter fein gehackt. In 50 g Butter dämpft man je 1 EL feingehackte Zwiebel und Peterle und gibt den Spinat dazu, bis er *zusammengefallen* ist. 6 Eigelb, ¼ l frischer Rahm, Salz, Muskat und 100 g Reibkäse verrührt man und mischt den gedämpften Spinat darunter. 6 Eiweiß werden zu steifem Schnee geschlagen und *daruntergezogen.* In einer gebutterten Auflaufform, die groß genug sein muß, daß der Auflauf hochgehen kann, läßt man die Masse etwa 25 Minuten bei mittlerer Hitze aufziehen. Erst dann darf man den Backofen vorsichtig öffnen und mit einem Holzstäbchen schnell in den Auflauf stechen (er fällt leicht zusammen!). Bleibt nichts Flüssiges mehr am Stäbchen hängen, kann er serviert werden. Grüner Salat schmeckt, wie auch zu den Schinkenmakkaroni, besonders gut dazu.

Gefüllte Pfannenkuchen, überbacken

Man macht dünne Pfannenkuchen und rechnet für jede Person 2 Stück. Für 6 Personen braucht man für die Füllung: 400 g gemischtes Hackfleisch, je 1 EL Zwiebel und Peterle, gehackt, 1 EL Öl, 2 EL dicken, sauren Rahm oder Crème fraiche, 1 EL Tomatenmark. Fleisch, Zwiebeln und Peterle werden im Öl gedämpft, bis das Fleisch grau aussieht, mit Salz und Pfeffer gewürzt, dann Tomatenmark und Rahm daruntergerührt. Mit dieser Fülle bestreicht man alle Pfannenkuchen, rollt sie zusammen und schneidet sie in der Mitte durch. Eine flache Auflaufform wird gebuttert. Die halben Pfannenkuchen werden dann dachziegelartig so hineingelegt, daß die Schnittseite auf den Boden kommt. 3 EL sauren Rahm, 2 EL Reibkäse, 1 Ei und ⅛ l Milch rührt man zusammen und gießt das Gemisch so über die Pfannenkuchen, daß die hochstehenden röschen Ränder nicht befeuchtet werden. Je nach Größe des Auflaufs

braucht er noch 20 bis 30 Minuten in mittlerer Backofenhitze. Gurken-, Tomaten- oder grünen Salat dazu!
Vielleicht nicht unbedingt »auf unserem Mist gewachsen«, aber in unserer Familie als Vorspeise oder Abendessen hochgeschätzt, ist der

Käseauflauf

60 g Butter werden dazu mit ¼ l Milch, Pfeffer und Salz zum Kochen gebracht und dann gleich über je 125 g feingeriebenen Parmesan- und Schweizerkäse geschüttet und verrührt. Wenn diese Masse abgekühlt ist, rührt man 8 Eigelb wieder damit glatt und zieht zuletzt den sehr steifen Schnee von 8 Eiweiß darunter. In gebutterten Portionsförmchen oder einer Auflaufform wird das Gemisch in heißem Ofen

eine halbe Stunde gebacken. Der Auflauf geht fast um das doppelte hoch – also die Formen nicht mehr als halb füllen! Und während des Backens den Ofen nicht öffnen, sonst fällt der Auflauf zusammen. Er muß auch schnell serviert werden. Als Vorspeise gegeben, braucht er keine Beilagen, als Abendessen schmeckt er mit frischem Salat besonders gut. Reste kann man in kleine Würfel schneiden und wie Eierstich in heiße Brühe einlegen. Bei uns werden kalte Scheiben davon auch auf dem Butterbrot gegessen.

Beckenofen

– ein hervorragend schmeckendes, aber sehr inhaltsreiches Gericht aus dem Elsaß, das früher auch in Baden daheim war und jetzt hier wieder neu entdeckt wurde. Es heißt so, weil es am Backtag gekocht wurde und nach dem Brotbakken in den noch heißen Ofen kam. Abgedeckt wurde der Beckenofen mit Brotteig. Eine irdene oder gußeiserne Kachel reibt man mit Schweineschmalz und einer Knoblauchzehe aus. Auf den Boden kommt eine Schicht rohe Kartoffelscheiben, Zwiebeln, Gelberüben, etwas Lauch, Salz und Pfeffer. Darauf legt man grobe Würfel von geräuchertem oder gesalzenem Fleisch: Schweineripple, Hals, Schulter, auch Beinscheiben vom Rind, oder Hammel, je nach Geschmack. Nicht fehlen dürfen Schweinsfüßle, die zwischen das Gemüse gelegt werden können: Sie geben dem Gericht den herzhaften Geschmack. Das Geschirr wird abwechselnd mit Kartoffel-, Gemüse- und Fleischlagen gefüllt, zuoberst müssen Kartoffeln sein. Darüber kommt der Deckel aus Brotteig, damit alles saftig bleibt. Ein gut schließender Topfdeckel geht auch. Wichtig für das langsame Garen war die Rundum-Wärme des großen Brotbackofens. Seit es die Umluftherde gibt, gelingt der Bekkenofen auch ohne Bäckerofen; aber 2 bis 3 Stunden Zeit zum Garwerden muß er nach wie vor haben. Und je größer die Menge ist, desto besser schmeckt er! Warum nicht auch mal für einen Hock mit Freunden sowas vorbereiten? Es ist ausprobiert: der *Beckenofen* macht Spaß! Ein schöner, herber badischer Weißherbst dazu macht ein kleines Fest daraus.

Mehlspeisen

brauchen im Drei-Länder-Eck ein extra großes Kapitel! Und Mehlspeise heißt bei uns eigentlich jede Beilage, die nicht ausschließlich aus Kartoffeln gemacht ist. Früher waren süße Mehlspeisen unter »Nachtisch« in den alten Kochbüchern verzeichnet. Da haben die Menschen aber auch noch viel mehr körperliche Schwerarbeit verrichten müssen! Inzwischen haben sich diese »Nachspeisen« als Vollmahlzeiten selbständig gemacht.

Zunächst müssen wir aber über Nudeln und Spätzle reden. Die essen wir ja zu Fleisch und Gemüse statt Kartoffeln. Die schwäbischen Nachbarn machen, wenn's Spätzle gibt, die Kartoffeln einfach zu »Gemüse«, um nicht darauf verzichten zu müssen. Das ist eigentlich auch logisch. Auch für die Franzosen sind Erdäpfel »légumes«. Aber bei uns wird zwischen Nudeln, Kartoffeln und Spätzle abgewechselt, und wir haben ganz feste Vorstellungen davon, was zu was am besten schmeckt. Ich werde beim Fleisch auch jeweils dazuschreiben, was »paßt«.

Man kann natürlich längst Nudeln und Spätzle in Tüten kaufen. Trotzdem sollte man wissen, wie man sie macht. Und wenn man sich dann aufschwingt, Selbstgemachtes zu servieren, merkt jeder den Unterschied zur Fabrikware. Nudelkuchen muß man für Maultaschen, Apfelstrudel usw. ohnehin selber machen. Ich habe meine Großmutter noch sagen hören: »Wer Nudelkuchen nicht ohne Loch fertigbringt, darf noch nicht heiraten.« Und dazu muß man wissen, daß diese »Kuchen« so dünn sein sollen, daß man eine untergelegte Zeitung durchlesen kann! Nun, so eng wollen wir die Sache nicht sehen. Und ein so großes Kunststück sind Nudelkuchen auch wieder nicht. Also machen wir jetzt mal

Nudeln

Für ungefähr 3 Nudelkuchen braucht man 3 Eier, 1 KL Butter, 300 g Mehl und 5 g Salz. Das Mehl wird auf dem Backbrett (bei uns heißt's »Nudelbrett«!) gesiebt. In der Mitte macht man eine Grube und schlägt die Eier hinein, dazu kommt die weiche Butter und das Salz. Das muß nun zusammengearbeitet werden, bis der Teig ganz glatt ist und weder an den Händen noch am Brett klebt. Dann wird er in 3 Teile geteilt und jedes Stück so dünn wie möglich zu einem runden Fladen ausgewellt. Diese läßt man auf einem Tuch etwas antrocknen, bevor man jeden locker zusammenrollt. Je nach Verwendungsart werden nun Streifen geschnitten: für Suppennudeln ganz feine, für breite Nudeln ca. 1 cm breite. Mit einem Kochlöffelstiel fährt man durch die Röllchen und schüttelt sie auseinander. Es tut ihnen gut, wenn sie so noch eine Weile antrocknen, bevor man sie abkocht. Will man sich einen Vorrat machen, müssen sie ganz trocken sein, um sie in einem Säckchen aus Stoff oder Papier an einem trockenen Platz aufbewahren zu können. Wenn ich breite Nudeln zum Braten abkoche, lasse ich eine Handvoll zerkleinerte, trockene zurück. Die röste ich in Butter braun und schmälze damit beim Anrichten die gekochten Nudeln ab.

In Kappel gab's freitags ein besonderes Nudelessen. Es hieß

Nudelberg

Da wurden nämlich auf einer Platte die gekochten Nudeln abwechselnd mit gut abgetropften gekochten Dörrzwetschgen zu einem Berg aufgeschichtet. Der wurde – und das ist kein Irrtum! – mit in reichlich Butter gebräunten Zwiebeln abgeschmälzt. Bitte erst probieren, bevor man sich mit Kopfschütteln von diesem Rezept abwendet!

Aus Nudelteig macht man auch den einfachen

Apfelstrudel

Dafür nimmt man in den Nudelteig statt der Butter 1 bis 1½ EL Öl. Er läßt sich dann besser ziehen. Zur Fülle braucht man 2 kg mürbe Äpfel, grob geraspelt, 120 g Zucker, 1 KL Zimt, 150 g geschälte, blättrig oder in Stifte geschnittene Mandeln, 150 g gewaschene, eingeweichte Korinthen, 150 g Butter oder Margarine und 50 g Weckmehl. Der halb getrocknete Nudelkuchen wird auf ein bemehltes Tuch gelegt, mit der Butter bestrichen und das Weckmehl darüber gestreut. Die übrigen Zutaten vermischt man und verteilt sie über den ganzen Nudelkuchen. Dann rollt man den Strudel auf, indem man das Tuch an einer Seite mit beiden Händen hochzieht. Die Rolle wird mit zerlassener Butter bestrichen und auf ein gefettetes Blech gelegt. In gut heißem Backofen braucht der Strudel ungefähr ¾ Stunden. Man ißt ihn meist warm, in 5 cm dicke Stücke geschnitten und mit Puderzucker bestreut. Kalte Vanillesoße gibt man zum warmen, heiße zum kalten Strudel.

Spätzle

Besonders die Buben haben bei uns Spätzlemachen früh gekonnt. Ich höre noch, wie die Schulranzen am »Dienstboteneingang« unseres alten Hauses auf den Boden plotzten, wenn sie heimkamen und sahen, daß ich Spätzle mache. Das Brett wurde mir aus der Hand gerissen und weitergemacht – allerdings hatten wir dann beim Essen recht fette Spatzen dazwischen!

Woher die Spätzle wohl ihren Namen haben? Weil sie ins Wasser fliegen? Wahrscheinlicher kommt mir vor, daß sie einen Kosenamen haben, weil man sie so gern ißt! So dick wie Spatzen dürfen sie jedenfalls nicht sein.

Bevor man sich hinstellt, um Spätzle zu machen, sollte man sich die Gerätschaften dafür bereitstellen, sonst kommt man nachher selber »ins Schwimmen!« Man braucht einen großen Topf mit Salzwasser und eine Schüssel mit kaltem Salzwasser daneben. In die hänge ich ein Salatsieb. Das erspart mir beim Abschrecken die Fischerei nach den fertigen Spätzle und die werden dabei nicht so kalt. In den nicht zu warmen Backofen kommt die Platte, auf der sie serviert werden, und dann braucht man noch ein richtiges, an der Vorderkante abgeschrägtes Spätzlebrett mit Handgriff. Solange das Salzwasser im Topf zum Kochen gebracht wird, schlägt man den Teig. Er besteht aus Mehl, Ei, Salz und Wasser. Es gibt besonderes Spätzlemehl zu kaufen, das etwas gröber ausgemahlen ist und sich leichter verarbeiten lassen soll. Pro Person rechnet man 1 Ei, 100 g Mehl, 2–3 EL lauwarmes Wasser, (die genaue Menge hängt von der Größe des Eies ab). Das alles wird zu einem dickflüssigen, zähen Teig zusammengerührt, und der muß mit dem Kochlöffel so lange und so stark *geschlagen* werden, bis er große Blasen bekommt. Dann streicht man ungefähr 2 EL voll Teig (Löffel in Wasser tauchen!) auf das nasse Spätzlebrett, streicht ihn zum abgeschrägten Ende hin ganz dünn aus, hält das Brett über das sprudelnde Wasser und schabt mit einem geraden Messer oder einem Spätzleschaber schmale, lange Teigflocken hinein. Den Teig streicht man mit nassem Messer immer wieder dünn nach vorn, bis die ganze Portion Teig verarbeitet ist. Die Spätzle kommen inzwischen an die Oberfläche, werden dort mit dem Schaumlöffel abgenommen und ins kalte Wasser (Salatsieb!) gelegt, das Sieb schnell herausgenommen, abgetropft und auf die warme Platte im Ofen ausgeleert. Dann kommt die nächste Teigportion dran usf. Geübte Spätzleköche machen das alles sehr fix, damit die Spätzle nicht kalt werden. Sind alle Spätzle wieder gut heiß, werden sie mit in Butter geröstetem Weckmehl abgeschmälzt. »Gute Spätzle zittern auf der Platte«, schrieb meine Großmutter zu ihrem Rezept!

Wenn man Spätzle zu Sauerkraut ißt, was uns auch ohne Fleisch gut schmeckt, kann man sie mit Speck und Zwiebeln abschmälzen. Spätzle mit Apfelmus, mit Rahmschnitzel, mit Dörrobst, mit Wild – es gibt endlose Möglichkeiten, sie anzubringen. Nur von der schwäbischen Sitte, sie mit Kartoffelsalat anzurichten, hält man bei uns nicht so viel.

Kässpätzle

Dafür streut man auf jede Lage heiße Spätzle ungefähr eine Handvoll geriebenen Emmentaler Käse und schmälzt das Ganze mit in Butter braun gerösteten Zwiebeln ab. Mit Feldsalat schmecken sie besonders gut!

Knöpfle

nennt man in manchen Gegenden, besonders im Schwarzwald und Kaiserstuhl, die Spätzle. Aber eigentlich sind Knöpfle etwas fester und eher rund. Auf 500 g Mehl braucht man nur 3 Eier, und mit dem »Knöpflehobel« sind sie einfach zu machen: Der Teig kommt in ein bewegliches Fach auf dem Hobel, und damit fährt man drauf hin und her und die Teigstückchen fallen ins kochende Wasser. Sonst ist der Vorgang der gleiche wie bei Spätzle. Abgekochte Knöpfle läßt man besser kalt werden und röstet sie dann in Fett an. Als es den Knöpflehobel noch nicht gab, hat man mit einem großen Löffel Klöße aus dem Teig abgestochen und im Wasser gekocht. Waren sie gar, wurden sie nebeneinander auf eine Platte gelegt, bis alle fertig waren. Dann hat man sie verwiegt, bis alles klein wie Kirschkerne war. Kalt wurden sie dann in heißer Butter geröstet.

Pfannenkuchen

Wie die gemacht werden, weiß bei uns wirklich »jedes Kind«. Geradezu akrobatische Pfannenschlenkerer habe ich da herangezogen! In unserer großen Küche ging das; aber nur, bevor sie sowieso geputzt werden mußte! Das Produkt der Künste meiner Kinder war dann auch etwas gröberer Art. Den Teig mache ich aus 500 g Mehl, ¾ l Milch, Salz und 4–6 Eiern. Gute Pfannenkuchen müssen aber ganz dünn sein: Nur soviel Teig kommt in die heiße Pfanne (in der 1 KL Backfett erhitzt wurde), wieviel am

Boden hängen bleibt!
Will man beim Backen mit der kleinstmöglichen Menge Fett auskommen, gibt man nur für den 1. Pfannenkuchen 1 KL Fett in die Pfanne. Für die folgenden reibt man sie mit der Schnittseite einer halben Zwiebel, die man in Öl getaucht und gut abgestrichen hat, aus. Die Pfannenkuchen kann man mit Hackfleischfülle oder Zwetschgenmus bestreichen und einrollen. Ißt man sie zu Salat, kann gleich in den Teig eine Handvoll Schnittlauch gemengt werden.
Es gibt Landstriche hier, da nennt man die Pfannenkuchen »Amlett«, was sicher mit dem Wort »Omelette« zu tun hat, wenig aber mit der Eierspeise, die so heißt. In einem Kochbuch von 1803 schrieb ein besonders beflissener Koch sogar von »Amuletten«!

Holderküchle

kann man nur ein paar Tage im Jahr machen, wenn der schwarze Holunder mit seinen weißen, duftenden Dolden blüht. Ich weiß aber Leute, die ihm von der Rheinebene bis in den Hochschwarzwald nachreisen, um seine »Saison« zu verlängern. Man macht dazu einen Pfannenkuchenteig, dem noch ein Schuß Bier zum besseren Aufgehen zugefügt werden sollte. Die Holderdolden schneidet man mit dem Stiel ab, die Blütchen dürfen noch nicht abfallen. Man hält die Dolde am Stiel und tunkt sie in den Teig. Dann bäckt man sie, mit dem Stiel nach oben, schnell in heißem Fett; man kann sie auch schwimmend ausbacken. Etwas Staubzucker darüberstreuen. Zimt ist schon zu stark für den feinen Holundergeschmack. Am besten schmecken Holderküchle, wenn man sie direkt aus der Pfanne und aus der Hand ißt.

Jetzt kommt die ganz ernsthafte Angelegenheit mit der

Kratzede

Was bekommt man bei Spargelessen nicht alles als *Kratzede* oder *Kratzete* serviert! Das sind oft fettriefende zerschnittene Pfannenkuchen oder Teigklötzle, die mit einer Kratzede aber auch wirklich gar nichts zu tun haben. Zu einer richtigen nimmt man 500 g Mehl, gut ¾ l Milch, 6–7 Eier, 50 g Butter und Salz. In den glatten Teig aus Mehl, Salz, Milch und Eigelb zieht man den *steifen Schnee* der Eier und rührt die nur eben *zerlassene* Butter ein. In die Pfanne gibt man, je nach ihrer Größe, nur soviel Backfett, daß es den Boden dünn bedeckt, wenn es zergangen ist. Dann verteilt man knapp 1 cm dick Teig darauf und wendet ihn sofort, wenn er eine hellbraune Kruste hat. Jetzt muß der Fladen gleich mit einer Backschaufel und einer Gabel, mit der man das Stück hält, zerkratzt werden: zuerst in grobe Teile, und unter ständigem Bewegen und Wenden immer kleiner, bis die einzelnen Stückchen 2–3 cm groß und rundherum goldgelb gebacken sind.

Dumis

ist eine Schwarzwälder Art der Kratzede. Dafür ist der Teig fester und das Eiweiß nicht zu Schnee geschlagen. Der Pfannenkuchen muß dann in ganz kleine Würfele geschnitten oder zerhackt werden. Man bewegt diese dann so lange in der Pfanne, bis sie auf allen Seiten braun und knusprig sind. Sie werden zu Fleisch oder Kompott gegessen.

Eierhaber oder Kaiserschmarrn

heißt die süße Variante von Kratzede. Das Rezept unterscheidet sich nur darin, daß statt 50 g nun 100 g Butter in den Teig kommen, außerdem 100 g Zucker und 100 g Korinthen. Der Backvorgang ist wie bei der Kratzede. Beim Anrichten streut man dick Puderzucker darauf und träufelt den Saft von 1 Zitrone darüber. Heiß auftragen!

Kirschenpfannenkuchen

mache ich auch aus Kratzede-Teig, weil davon die Kirschen gut eingehüllt werden und nicht anbrennen. Auf die angegebene Teigmenge braucht man 1 kg entstielte, nicht große schwarze Kirschen oder die entsprechende Menge sterilisierter, sehr gut abgetropft. Mit entsteinten Kirschen geht es nicht. In die Pfanne mit heißem Fett setze ich drei kleine runde Teigplätzle, ½ cm dick, streue Kirschen dicht darüber und wende sie, bevor der Teig oben fest ist, damit er noch um die Kirschen herumfließen kann. Man kann auch die Kirschen in den Teig tun und ganze pfannengroße Kuchen backen. Aber mit dem luftigen Teig lassen sie sich kaum wenden, ohne zu zerfallen. Beim Anrichten streut man Zucker mit Zimt vermischt darüber.

Apfelpfannenkuchen

gehen ebenso. Man nimmt am besten mürbe, säuerliche Äpfel (Boskop z. B.) dazu, schält sie und schneidet sie in feine Blättchen. Die Äpfel kann man gleich in den Teig tun und ganze Kuchen backen.

Grießklöße

mag sogar, wer Grießbrei nicht ausstehen kann. Sie heißen vielerorts noch »Pflutten«. (Dieses anschauliche Wort wird – hinter vorgehaltener Hand – auch für die Beschreibung von unförmigen Damen verwendet und ist keine Schmeichelei!)

Für 6 Personen nehme man 2 l Milch, 500 g grob ausgemahlenen Weizengrieß, 2–3 Eier, Salz, Muskat und Backfett. Milch und Salz werden zum Kochen gebracht, der Grieß langsam eingerührt und unter ständigem Weiterrühren so lange gekocht, bis er sich vom Topf zu lösen beginnt. Dann nimmt man den dicken Brei vom Feuer, läßt ihn etwas abkühlen und rührt die verquirlten Eier darunter. In das heiße Backfett taucht man 2 Löffel aus Metall und sticht damit längliche Klöße aus dem Brei (jedesmal die Löffel neu fetten!). Die Klöße kann man entweder mit geröstetem Weckmehl abgeschmälzt servieren, oder man bäckt sie in der Pfanne auf zwei Seiten goldgelb. Mit grünem Salat schmecken sie ebenso gut wie mit Kompott aus Dörrobst.

Grießschnitten

»römische«, steht in Großmuttis Kochbuch dabei Vielleicht wegen der dazugehörigen Tomatensoße? Die werde ich im Soßenkapitel beschreiben. Aus 1½ l Milch, 375 g Grieß, 3 Eiern, 100 g geriebenem Parmesankäse und 50 g Butter kocht man einen Grießbrei wie für Klöße, rührt aber mit den Eiern ¾ des Käses hinein. Diese Masse wird noch warm etwa 1½ cm dick ausgewellt. Das Wellholz macht man dazu naß. Mit einem Glas werden runde Küchle von etwa 5 cm Ø ausgestochen und wie Dachziegel in eine gebutterte flache Auflaufform gesetzt. Etwas von der Butter und den restlichen Käse verteilt man darüber. In gut heißem Backofen werden sie gebacken, bis sie oben goldgelb sind. Die spezielle Tomatensoße gehört dazu und grüner Salat.

Grünkernküchle

300 g Grünkern, nicht fein *geschrotet,* ¾ l Wasser oder Brühe, Salz, 3 trockene Wasserweckle, kurz eingeweicht und ausgedrückt, je 1 EL feingeschnittene, gedämpfte Zwiebel und Peterle sowie 3 Eier braucht man dazu. Den Grünkern weicht man am Abend vorher in Wasser oder Brühe ein und am nächsten Tag kocht man ihn darin zu einem dicken Brei gar. Dazu kommen die anderen Zutaten. Man formt nun Küchle wie Frikadellen draus und wendet sie vor dem Braten in Weckmehl. In heißem Backfett brät man sie auf beiden Seiten braun und knusprig. Diese Küchle schmecken gut zu Schweinebraten, aber auch nur mit grünem Salat aufgetischt geben sie ein einfaches, bekömmliches Abendessen.

Kirschenjockel

wird ebenfalls mit Grünkerngrütze gemacht. 200 g Grünkern läßt man mit ⅓ l Wasser auf kleiner Flamme 20 Minuten ausquellen. Der Grünkern sollte das Wasser ganz aufnehmen. Inzwischen rührt man 80 g Butter mit 6 Eigelb und 180 g Zucker schaumig. Die etwas abgekühlte Grünkernmasse gibt man dazu und außerdem in dieser Reihenfolge 90 g geriebene Nüsse, ½ EL Zimt, 1 Prise Nelken, ½ Päckchen Backpulver und 1 EL Kirschwasser. Mit dem steifen Schnee der Eier vermengt man 1 kg abgezupfte Kirschen und zieht sie vorsichtig unter den glatten Grünkernbrei. In einer gebutterten Torten- oder Kastenform wird der Jockel bei 200 ° 1 Stunde gebacken. Man kann ihn heiß, mit kalter Vanillesoße, oder kalt wie Kuchen essen.

Reis

kam erst über Österreich in die täglichen Speisezettel. Und allzuviele Variationen hat man zu diesem Thema hier weder übernommen noch entwickelt; man hielt sich auch keine großen Vorräte davon. Deshalb bin ich als Kind furchtbar erschrocken, als ich bei österreichischen Freunden zu Gast war und für die sechsköpfige Familie ein Zentnersack mit Reis angeliefert wurde! Ich hatte große Angst, ich müßte mich nun durch den süßen Brei aus dem Märchen durchessen, den ich mir immer als Reisbrei vorgestellt hatte.

Weil der Reis ziemlich neutral schmeckt und leicht verdaulich ist, wird er als Beilage zu Fleisch, Fisch und Geflügel jetzt viel mehr verwendet. Aber Traditionsrezepte gibt er nicht recht her. Von den vielen Sorten, die zu kaufen sind, möchte ich aber auf den aus Nordamerika stammenden »wilden Reis« aufmerksam machen. Er ist braun und springt trocken auf. Sein etwas herber Geschmack paßt gut zu Fleisch und Fisch mit hellen Soßen. Als Faustregel für das Kochen aller Sorten gilt: 1 Tasse Reis, 2 Tassen Wasser, Salz und 1 KL Butter. Der kurz gewaschene Reis wird mit allen Zutaten langsam zum Kochen gebracht. Bei mittlerer Hitze und nicht ganz geschlossenem Topfdeckel läßt man ihn gar werden. Nicht rühren! Wenn das Wasser ziemlich aufgenommen ist, sieht man im Topf sowas wie Löcher im Reis. Dann muß der Deckel ganz drauf, damit der Reis nicht anbrennt, und die Hitze muß stark reduziert werden, falls die Körner noch nicht weich sind. Das Ganze dauert etwa 25 Minuten, vom Kochen an gerechnet – allerdings kommt es auch darauf an, wie weich man den Reis am liebsten mag. Für den

Reisring

mengt man unter den wie oben gekochten Reis 100 g Reibkäse, ein wenig Muskat, noch einen KL Butter und 2–3 verklepperte Eier. Diese Masse wird in eine *gebutterte* Ringform gefüllt, die im leicht kochenden Wasserbad zugedeckt noch 20 Minuten auf kleiner Flamme stehenbleibt. Dann kann man den Reis auf eine heiße Platte stürzen und in die Mitte Ragout von Kalbfleisch oder Pilzen füllen; auch grüne Erbsen sind darin gut und schön.

Viel fantasievoller, aber meist süß, ist man hier schon immer mit *altbackenem* Brot, vor allem den Weckle, umgegangen; als Freitags- oder Abendessen oder einfach zur Resteverwertung. Die Männer der Familie zieren sich da manchmal und meinen, etwas solches hätten sie nicht gern; aber dann schmeckt es ihnen bis zum letzten Krümel!

Ofenschlupfer oder Scheiterhaufen

ist ein beliebtes Rezept. 6 trockene Weckle schneidet man in feine Scheiben und belegt damit eine gebutterte Auflaufform. 50 g blättrig geschnittene Nüsse, die abgeriebene Schale einer – ungespritzten – Zitrone und Flöckchen von 60–80 g Butter streut man dazwischen, ebenso je 70 g Rosinen und Korinthen (abgebrüht!). 4 Eier, 60 g Zucker und ½ l Milch werden verquirlt und über den Scheiterhaufen gegossen. So sollte er 1 Stunde stehenbleiben, damit die Flüssigkeit vom Brot aufgenommen werden kann. Dann »schlupft« die Form in den Backofen und zieht bei mittlerer Hitze ¾ Stunde auf. Legt man vorher noch Butterflöckchen drauf, wird die Kruste knuspriger.

Bettelmann

geht genauso. Nur legt man noch 500 g feingeschnittene Äpfel zwischen das Brot. Nimmt man Kirschen, bleiben Rosinen und Korinthen weg.

Kartäuserklöße

werden aus 12 Milchweckle gemacht. Sie müssen 1 Tag alt sein. Am Reibeisen reibt man die braune Rinde etwas ab und schneidet dann die Weckle in vier Teile. Aus 4–5 Eigelb, ¾ l Milch und 80 g Zucker macht man ein glattes Gemisch und weicht in einer weiten Schüssel die Weckstücke darin ein. Haben sie die Flüssigkeit aufgenommen und sind durchweicht, legt man sie zum Abtropfen auf ein Sieb. Dann verrührt man das Eiweiß gründlich mit dem abgeriebenen Weckmehl und wendet die Klöße darin, bis sie davon ganz eingehüllt sind. So werden sie auf ein mit Butter bestrichenes Backblech gesetzt und mit Stiften von insgesamt 200 g ungeschälten Mandeln besteckt. Jeder Kloß bekommt noch ein Butterflöckchen aufgesetzt, dann schiebt man das Blech in den Backofen. In 30 bis 40 Minuten sind die Klöße hellbraun gebacken. Sie dürfen innen noch etwas feucht sein. Mit Himbeersaft oder Weinsoße sollen sie heiß auf den Tisch kommen.

Besoffene Jungfern

sind auch aus Milchwecken gemacht: 12 Weckle, 1 Tag alt, werden leicht abgerieben und in 4 Teile geteilt. Aus den Dottern von 4–5 Eiern, 80 g Zucker, 2–3 EL dickem saurem Rahm und ⅔ l Weißwein *quirlt* man eine Soße, die in eine Auflaufform gegossen wird. Die trockenen Weckteile umhüllt man mit Eiweiß, dem das abgeriebene Weckmehl beigemischt ist. Dann setzt man sie dicht nebeneinander in die Flüssigkeit und besprengt sie noch mit 2–3 Gläsle Kirschwasser. Die Form muß dann so schnell wie möglich in den Ofen (gut vorheizen!). Dort steigt den Jungfern der Alkohol schnell in den Kopf. Ist die Flüssigkeit aufgenommen und die Oberfläche der Weckle braun geröstet, kann man die Jungfern servieren – aber bitte in der Form; sie benehmen sich sonst schlecht! (Ein Kinderessen ist dieser Auflauf sicher nicht!!)

Apfelrösti

bekommt aber auch den Kleinen. In einer Pfanne wird 1 EL Butter heiß gemacht, 1 Teller voll säuerlicher Äpfel, in Scheibchen geschnitten, zugegeben, mit 1 Teller voll feingeschnittenem Brot zugedeckt und mit 2–4 EL Zucker überstreut. Nun wird die Pfanne geschlossen und alles 4–5 Minuten gedämpft. Wenn die Äpfel nicht sehr saftig sind, gibt man gleich etwas Wasser zu. In meinem alten Kochbuch steht: Apfelrösti ist ein passendes Gericht zu Malzkaffee auf den Abendtisch.

Mindestens einen Apfelbaum hatte früher fast jede Familie. Drum gibt's so viele verschiedene Apfelspeisen!

Apfelküchle

sind mit Bierteig gemacht und werden im *schwimmenden Fett* ausgebacken.
Der Bierteig geht wie Pfannenkuchenteig; man nimmt nur statt der Milch Bier. Davon werden die Teighüllen luftiger und knuspriger.
Für 6 Personen braucht man für die Küchle 1 kg mürbe Äpfel, schält sie und sticht das Kernhaus heraus. Dann wird jeder Apfel in 1 cm dicke Scheiben geschnitten, jede Scheibe hat also ein Loch in der Mitte. So werden sie mit 80 g Zucker bestreut. Inzwischen läßt man das Backfett heiß werden. Die Küchle können erst ausgebacken werden, wenn es so heiß ist, daß sich an einem hölzernen Kochlöffelstiel Bläsle bilden, wenn man ihn eine kleine Weile hineinhält. Aus 300 g Mehl, ¼ l Bier, 1 EL Öl, 1 EL Kirschwasser und 3–4 Eiern wird schnell ein dickflüssiger Teig zusammengerührt (man kann auch das Eiweiß zu Schnee schlagen, wenn man noch luftigere Küchle will!). Mit einer Gabel zieht man die Apfelscheiben durch den Teig und legt sie in das Fett ein. Sie müssen auf beiden Seiten hellbraun gebacken werden. Dann nimmt man sie heraus, läßt sie abtropfen und bestreut sie mit Zucker und Zimt.

Äpfel im Schlafrock

6 große Äpfel werden dazu wie für Apfelküchle vorbereitet, nur nicht in Scheiben geschnitten. In die Kernhauslöcher füllt man 30 g gehackte Nüsse, 20 g Korinthen und 30 g Zucker. Dann werden sie mit *Butterteig* umhüllt, und das geht so: Aus 250 g Mehl, 125 g Butter, 70 g Zucker, 1 Ei und Salz knetet man auf dem Nudelbrett schnell einen festen Teig zusammen. Der hat es gern, wenn er vor dem weiteren Bearbeiten eine halbe Stunde in der Kälte ruhen darf. Dann kann man ihn gut messerrückendick auswellen und 15 cm große Quadrate davon schneiden oder *ausrädeln.* Auf jedes Stück kommt ein Apfel, der mit dem Teigviereck eingepackt wird. Wo die vier Teigecken zusammenkommen, ist beim Backen auf dem Blech die Unterseite. Die glatte Oberseite wird mit einem Eigelb bestrichen. Bei guter Hitze brauchen die Äpfel 30–35 Minuten zum Garwerden. Nachher kann man sie mit Puderzucker überstreuen.

Kirschenplotzer

macht man so: 150 g Butter, 180 g Zucker und 6 Eigelb rührt man sehr schaumig. 80 g geröstetes *geriebenes* Schwarzbrot wird mit 1/16 l Weißwein und 3 EL Kirschwasser angefeuchtet und darunter gemengt. Dann kommen die nur entstielten schwarzen Kirschen – 1¼ kg dürfen es sein – dazu, und zuletzt der Schnee von 6 Eiweiß. Sehr *steif* muß er sein! So wird der Plotzer in einer gebutterten Tortenform sofort 1 Stunde lang gebacken. Bevor wir uns mit Dampfnudeln beschäftigen, müssen wir wissen, wie

Hefeteig

gemacht wird. Für 500 g Mehl braucht man 1 Würfel Hefe, 2 EL Öl (Nußöl, wenn man hat!), 1 Ei, 1 Prise Salz, ⅓ l warme Milch und, wenn der Teig süß werden soll, 2–3 EL Zucker. Die Hefe wird in eine kleine Schüssel zerbröckelt (1 EL Zucker), 1 EL Mehl und ⅛ l Milch damit glattgerührt: das nennt man den »Vorteig«. Den stellt man warm (aber nicht in den Ofen!) und paßt auf, daß keine Zugluft in die Küche kommt. Das Teigle *geht* sehr schnell. Die restlichen Zutaten werden in einer genügend großen Teigschüssel vermischt und der gegangene Vorteig dazugegeben. Und nun wird der Teig *»geschafft«*, d. h., man knetet ihn mit beiden Händen, bis er ganz glatt ist und sich von der Schüssel so löst, daß sie nachher ganz sauber aussieht. Auch an den Händen darf nichts mehr hängenbleiben. Der Teig ist dann ziemlich fest. Man bestreut ihn mit ein wenig Mehl, bedeckt ihn mit einem Tuch läßt ihn in der Schüssel an einem warmen, zugfreien Platz noch einmal gehen. Wenn er doppelt so groß ist wie am Anfang, kann man ihn weiterverarbeiten. Jetzt machen wir

Dampfnudeln

daraus. Der Teig wird 2–3 cm dick ausgewellt. Mit einem Glas, dessen Rand immer wieder in Mehl getaucht werden muß, stechen wir Küchle von 5 cm Ø aus, setzen sie auf ein bemehltes Blech und decken sie wieder zu, denn sie müssen noch einmal gehen. Man darf laut schreien, wenn jemand

Tür oder Fenster aufreißt, denn wenn schon einmal gegangener Hefeteig durch kalte Zugluft »erschrickt«, fällt er zusammen und kann nicht mehr gerettet werden. Sind die Küchle schön gegangen, stellen wir uns bereit: in einer Kanne gut lauwarmes Wasser, Backfett, Salz und Zucker. Ob man die »salzigen« oder die »süßen« Dampfnudeln bevorzugt, ist Geschmackssache. Wenn sich die Familie nicht einig ist und man beide Sorten haben will, ist es besser, zuerst die salzigen zu machen – es sei denn, man hat zwei geeignete Pfannen. Und bei Dampfnudeln ist es ganz wichtig, daß die Pfanne einen guten, unversehrten Boden und einen dicht schließenden Deckel hat. Zuerst also die Salzigen: Bei starker Hitze geben wir 10–15 g Backfett in die Pfanne und bestreuen den Boden mit Salz (schwach ½ KL, wenn die Pfanne groß ist). Ist das Fett heiß, setzen wir die Dampfnudeln so hinein, daß sie fast zusammenstoßen. Dann kommt schnell 1 Tasse warmes Wasser dazu. Der Dampf, der dabei entsteht, muß sofort mit dem Deckel in der Pfanne gehalten werden; also in eine Hand die Wasserkanne, in die andere den Deckel! Die Hitze können wir nun auf eine mittlere Stufe zurückdrehen, damit die Dampfnudeln Zeit haben, gar zu werden. Es dauert ca. 5–8 Minuten. Nun aber um Himmelswillen nicht den Deckel lüpfen, um nachzusehen, ob sie fertig sind! Sind sie es nämlich nicht, fallen sie zu speckigen Klötzen zusammen. Man muß sich da auf Nase und Ohren verlassen: es riecht nach gebackenem Teig, wenn sie gar sind, und dazu muß alles Wasser verbraucht sein. Hört man Tropfen von Kondenswasser vom Deckel in die Pfanne zischen, ist es soweit. Jetzt nehmen wir die Pfanne von der Hitze weg und schwingen den Deckel so ab, daß keine Kondenswassertropfen auf die Dampfnudeln fallen. Mit der Bratenschaufel hebt man sie aus der Pfanne. Sie sollten dick und leicht sein, an der Unterseite das beliebte »Krüstle« haben und sonst ganz weiß ausehen. So sitzen sie dann nebeneinander auf einer heißen Platte. Die »Süßen« bekommen statt Salz 1 EL Zukker ins Fett. Zum Ablöschen nehme ich auch dafür warmes Wasser. Viele Leute machen das mit warmer Milch. Sonst geht alles gleich zu wie bei den Salzigen. Nur ist es noch spannender: Das karamelisierte Fett-Zucker-Flüssigkeit-Gemisch wird von einer Sekunde zur anderen schwarz und bitter, wenn man nicht aufpaßt! Und wenn man mehrere Pfannen voll hintereinander macht, muß jeder mögliche Rückstand auf dem Pfannenboden sorgfältig entfernt werden, bevor man die nächste Lage einsetzt. Noch ein Tip: Wenn man die Pfanne nun doch zu früh aufgemacht hat und die Dampfnudeln unten noch blaß sind, und es ist womöglich noch Wasser in der Pfanne, dann kann man sie bei offenem Deckel auf kleiner Hitze so lange braten, bis alle Flüssigkeit weg ist. Dampfnudeln werden mit wachsender Erfahrung immer besser, und so kompliziert, wie sie sich anhört, ist die Sache nun auch wieder nicht. Aber nicht gleich zum ersten Versuch den ganzen Freundeskreis einladen!

Zwetschgen- oder Aprikosenknödel

sind sicher aus Österreich zu uns gekommen (und dorthin haben sie wohl die Böhmen gebracht!), aber sie müssen aufgeschrieben sein, weil sie so gern gegessen werden. Man kann sie mit Brandteig oder Kartoffelteig machen – sie werden immer gut!

Man schneidet die Zwetschgen (oder Aprikosen) an ihrer Längskerbe auf und nimmt den Stein heraus. An seine Stelle steckt man ½ Würfelzucker hinein, den man mit ein paar Tropfen Zwetschgenwasser oder Aprikosenlikör befeuchten kann.

Zum *Brandteig* kocht man ¼ l Wasser mit 50 g Butter, 1 Prise Salz und etwas abgeriebener Zitronenschale auf, schüttet auf einmal 125 g Mehl dazu, nimmt den Topf vom Herd und rührt alles glatt, bis sich die Masse vom Rand löst. Wenn sie etwas ausgekühlt ist, rührt man sie mit 2 ganzen Eiern nochmals glatt.

Zum *Kartoffelteig* kocht man 500 g mehlige Kartoffeln in der Schale, schält sie noch heiß und treibt sie sofort durch den Wolf. 125 g Mehl, 1 Ei, 1 EL Rahm, 10 g Butter und 1 Prise Salz kommen dazu und müssen rasch zu einem festen Teig geknetet werden.

Aus einem der beiden Teige macht man eine Rolle von 5 cm ∅, von der 1–2 cm dicke Scheiben abgeschnitten werden. Jede Frucht wird mit einer solchen Scheibe glatt und ohne Loch umhüllt. Man drückt dabei die gefüllte Zwetschge oder Aprikose leicht zusammen. Je dünner man die Umhüllung fertigbringt, desto besser schmecken die Knödel (und desto mehr kann man davon essen!). In *siedendem* Salzwasser gart man sie 4–5 Minuten. Je nach Größe des Topfes kann man 5–10 Stück zusammen hineinlegen: Sie sollen nur bequem nebeneinander Platz haben, wenn sie an die Oberfläche kommen. Und das Wasser soll stets sieden, aber nie strudeln. Dann nimmt man sie vorsichtig mit dem Schaumlöffel heraus und legt sie auf eine vorgewärmte Platte, höchstens eine 2. Lage darf – auf Lücke – drauf, sonst werden die unteren zerquetscht. Sind alle fertig, werden sie mit reichlich zerlassener Butter übergossen und gleich darauf mit viel Puderzucker bestreut; er soll von der Butter fast völlig aufgenommen werden! 10 Knödel schafft eine Person leicht. Ich habe Leute gesehen, die 30 Stück verspeist haben!!

»Dinni«

Zum Schluß dieses mehligen Kapitels noch eine bäuerliche Spezialität, der alle Städter, die sie vom Bauernhof kennen, nachtrauern, weil es sie auch auf dem Land nur noch selten gibt: »Dinni« (= Dünne) mit verschiedenen Auflagen.
Wenn Brot gebacken wurde, im Backhäusle oder im großen gemauerten Küchenofen, machte die Bäuerin aus dem Rest des Sauerteigs dünne, runde Fladen mit einem kleinen wulstigen Rand. War das Feuer im Backofen abgebrannt, wurde die restliche Glut des Holzes in der Asche eben gezogen und darauf direkt die Fladen gebacken – ohne Blech! Sie wurden mit Apfelschnitzen, Streuseln, Zwiebeln oder dickem saurem Rahm belegt – die waren die besten! Manchmal kamen noch Nußkerne drauf oder eine Spur Zucker und Zimt. Der Geschmack des verkohlten Holzes zusammen mit dem des Brotteigs ist in den städtischen Holzofenbroten wieder nachempfunden, aber den der »Dinni« erreichen diese nie! – Am Backtag gab's Erd-Äpfelsuppe und dann die warmen Fladen als Mittagessen.
Vielleicht probieren's die neuen »Stadtbauern«, die auf aufgegebenen Bauernhöfen sitzen, mal wieder aus – es wäre ein Verdienst, wenn die »Dinni« nicht in Vergessenheit geraten würden. Übrigens: In manchen elsässischen Landgasthäusern werden wieder »Flammenkuchen« angeboten. Das sind »Dinni« mit Rahm!

Fleischspeisen

Bis jetzt hören sich diese Aufzeichnungen so an, als gäbe es hierzulande kein Fleisch. Für Vegetarier enthielten sie immerhin einige vertretbare Rezepte. Es stimmt schon: Wir mögen Mehlspeisen! Aber wir mögen auch Fleisch, und am liebsten essen wir beides zusammen. Da sich die Zubereitung von Fleisch landschaftlich kaum unterscheidet, sind seine hauptsächlichen Verwendungsarten auch wenig verschieden und werden deshalb hier nicht besonders erwähnt. Dafür um so lieber die Gerichte, auf die man sich freut, wenn man aus dem Urlaub kommt, weil sie außerhalb unserer Region selten auf einer Speisekarte stehen. Es ist auch manchmal recht schwierig, anderswo nach unseren Rezepten zu kochen und zu braten. Bis der Metzger in Berlin nur raushatte, welche Art Fleisch ich haben wollte! Die Bezeichnungen sind sehr an die Landschaft gebunden, und in anderen Gegenden wird schon im Schlachthof das Stück anders geteilt als hier. Das schönste Rezept funktioniert nicht recht, wenn man das gewohnte Fleisch nicht bekommt. Aber auch daheim ist Fleischkaufen Vertrauens- und Erfahrungssache. Nicht immer ist der Koch schuld, wenn's nicht gelingt!
Andererseits haben die Freiburger die älteste Regelung für eine obligatorische Fleischbeschau; sie stammt vom Anfang des 13. Jh.s. Danach durfte Fleisch zum Verkauf nur weitergegeben werden, wenn es von einschlägigen Amtspersonen für einwandfrei befunden worden war.

Badisches Ochsenfleisch

spielt hierzulande eine große Rolle im Küchenzettel der Hausfrauen wie in dem der Gastwirte. Man nennt es auch das Samstagsessen, weil es aus guten Gründen bevorzugt am Wochenende gekocht wird: Einmal ist es am Tag nach dem fleischlosen Freitag. Dann macht es nicht viel Arbeit, und man hat am Sonntag eine gute Brühe. Ochsenfleisch darf auch beim Festessen nicht fehlen: da erscheint es als eine Art Vorspeise, und wenn die gut ist, darf man dem weiteren Ablauf der Speisenfolge vertrauensvoll entgegensehen. Eigentlich sind das speziell »Badische« an diesem Gericht die Beilagen. Denn gekochtes Rindfleisch gibt es ja fast überall. In Österreich heißt es »Tafelspitz«, ist aber aus einem anderen Stück geschnitten. Bei uns nimmt man meist Rinderbrust, und das Fleisch hat man lieber dunkel und fest als besonders jung, rosa und zart; denn es soll kräftig im Geschmack sein. Eine Zwei-Personen-Menge Ochsenfleisch zu kochen hat wenig Sinn: Ein so kleines Stück kann nach längerem Kochen nicht saftig und geschmacksreich sein. Wenn ich für wenig Leute ein Kilo Fleisch gekauft habe, dachte ich immer an die guten Weiterverwendungsmöglichkeiten: Die Scheiben mit viel Zwiebeln anzubraten, ein Rindfleischsalätle und andere gute Sachen kann man nämlich draus machen – aber das bleibt meist eine Illusion: wenn alles auf den Tisch kommt, wird auch alles gegessen!
Nimmt man nun die Ochsenbrust »wie gewachsen«, dann ist Fett dran. Und wenn das weggeschnitten wird, ist nachher das Fleisch zäh, geschmacklos und faserig. Was jeder auf seinem Teller mit dem Fett macht, ist eine andere Sache. Auch die Brühe kann man vor dem Gebrauch entfetten; nur mitgekocht sollte das Fett werden. Ich sehe immer darauf, daß fast ¼ der Fleischmenge, die Knochen nicht gerechnet, Fett ist.
Nun stellt man in einem großen Topf 4 l Wasser auf und salzt es. Dazu kommen 2 große, geschabte Gelberüben, 2 Stangen Lauch, ¼ von einer Sellerieknolle, wenn möglich mit Blättern, 2 mittelgroße Zwiebeln (die braune Schale wegen der Farbe dranlassen), 500 g Rinderknochen, möglichst mit einem Markknochen. Wenn das alles sachte kocht, nicht sprudelt!, legt man das gewaschene Fleisch ein. Seine Poren schließen sich dabei sofort, und der Saft läuft

nicht aus. So kocht das Ganze zugedeckt 1 bis 2 Stunden vor sich hin. Sprudeln darf die Brühe nie. Ist das Fleisch gar, wird es in Scheiben geschnitten auf einer heißen Platte angerichtet. Man gießt etwas Brühe darüber. Die Gelberüben, der Sellerie, die Zwiebeln und der Lauch können mit auf die Platte gelegt werden, wenn sie schön aussehen.
Neuerdings verzichtet man mancherorts auf die Meerrettichsoße und gibt frisch gehobelten Meerrettich zum Fleisch. Aber die Meerrettichsoße ist halt das richtige, wenn sie gut gemacht ist. Da sie eigentlich nur zum Ochsenfleisch gebraucht wird, schreibe ich sie hier gleich dazu.

Meerrettichsoße

1 Stange Meerrettich wird geschabt, bis nur noch das Weiße da ist. Nun reibt man den Meerrettich in eine irdene oder Porzellanschüssel auf einer feinen Reibe. (Auch die abgebrühteste Köchin »weint« bei diesem Geschäft! Wenn man am offenen Fenster und mit nassen Händen arbeitet, wird jedoch der Tränenfluß etwas gemildert.) Auf den Boden der Schüssel, in die der Meerrettich gerieben wird, kommt Milch, damit er sich an der Luft nicht verfärbt. Die Milch nimmt ihm auch etwas von seiner Schärfe. Aus 1 EL Butter und 1 EL Mehl macht man eine Schwitze, löscht sie mit ¼ l Brühe ab, füllt mit ¼ l Milch auf, rührt den Meerrettich samt seiner Milch hinein und läßt alles aufkochen. Mit Salz, Pfeffer und 1 Prise Zucker wird gewürzt. Die Soße soll sämig, aber nicht dick sein. Mit Fleischbrühe kann man sie notfalls verdünnen; 1 Eigelb, in der Tasse mit etwas Soße verrührt, kann zugegeben werden, falls sie zu dünn geraten ist. Dann darf die Soße aber nicht mehr kochen. Konserviert käuflicher Meerrettich ist eine Hilfe während der Zeit, in der die Wurzeln nicht geerntet werden sollen. Sonst reibe man ihn bitte, wenn auch tränenden Auges, damit unsere »Nationalsoße« nicht in ein falsches Licht gerät!
Übrigens: Wer Meerrettichpflanzen in einer Gartenecke hat, sollte daran denken, daß man in den Monaten mit »r« im Namen die Wurzeln nicht herausstechen soll. Sie sind dann trocken, grobfaserig und übermäßig scharf. Auch die Urloffer Meerrettichbauern ernten sie in dieser Zeit nicht, sondern legen vorher und nachher die frischen Wurzeln richtig in Sand ein, damit man immer welche hat.

Die Beilagen zum Ochsenfleisch sind im Schwarzwald andere als in der Rheinebene. Oben »auf dem Wald« wachsen die Preiselbeeren und kein Wein, »im Tal« ist es andersrum. Deshalb bevorzugen die Schwarzwälder Kompott aus Preiselbeeren, süßsaure Zwetschgen und Gurken (siehe »Eingemachtes«), während man »unten« Salat aus Rahnen und gekochten Gelberüben und manchmal sogar Sauerkaut dazu macht. Daß sich Süß-Saures nicht so gut mit Wein verträgt, den man in der Ebene oft aus eigenen Reben hat, kann ein weiterer Grund für die verschiedenen Sitten sein. Salzkartoffeln, seltener auch Schweller, ißt man überall zum badischen Ochsenfleisch. Es gibt auch einen

Badischen Sauerbraten

Sein Geheimnis ist die *Beize*, und die ist hier wirklich sauer. Dazu wird in eine große irdene Schüssel 1 l herber Rotwein (manche nehmen auch weißen), 1 l Wasser, ⅓ l Essig, 2 in grobe Scheiben geschnittene Gelberüben, 1 grob zerschnittene Zwiebel, 1 kleine Lauchstange, ¼ von einer mittleren Sellerieknolle, 2 Lorbeerblätter, 3 zerdrückte Wacholderbeeren, 2 ganze Nelken, 1 EL weiße Pfefferkörner und einige Senfkörner gerichtet. In diese Beize legt man das Rindsbratenstück ein: 1 kg Hüfte oder Schulter, und läßt es zugedeckt etwa 1 Woche stehen. (Im Kühlschrank hält es sich länger.) Dann wird das Fleisch abgetrocknet, gesalzen und rundherum angebraten. Jetzt nimmt man das Gemüse aus der Beize und gibt es zusammen mit einem Schöpfer Brühe dem Braten bei, bestäubt ihn mit Mehl und brät ihn in heißem Fett an. Die Beigaben läßt man beim Fleisch aufkochen. Dann kommen noch 1 EL Johannisbeergelee und 2 Scheiben Schwarzbrot dazu, und man gießt so viel von der Beize nach, daß der Braten halb damit umgeben ist. So läßt man ihn mit geschlossenem Deckel 1 bis 2 Stunden schmoren. Hin und wieder schaut man nach, ob Flüssigkeit zugegeben werden muß. Ist der Braten gar, wird die Soße durchgesiebt. Bei uns kommen keine Rosinen dazu, auch Apfelmus ist als Beilage nicht üblich (obwohl beides dabei gut schmeckt!). Wir geben Spätzle oder Nudeln und Kopfsalat dazu.

Rindsrouladen

Hungrige Männer brauchen 2 Stück, die Weiblichkeit käme zur Not mit anderthalb aus! So kann man rauskriegen, wieviel Scheiben dünn geschnittenes Bratenfleisch vom Rind zu kaufen sind. Jede Scheibe wird geklopft, gesalzen und gepfeffert. Dann legen wir eine dünne Scheibe *durchwachsenen*, halbgeräucherten Speck ohne Schwarte darauf, darüber 4–6 Scheiben von einem Essiggürkle und 2–3 Silberzwiebeln. Ein frisches Blättchen Minze macht sich dabei sehr angenehm bemerkbar. Nun legt man die Längsseiten des Rouladenfleisches etwas nach innen und rollt das Ganze von der schmalen Seite her auf. Mit einem hölzernen Zahnstocher oder einem Faden hält

man alles zusammen. So wird die Roulade auf allen Seiten angebraten. Eine zerschnittene Zwiebel, ein Stück Schwarzbrotrinde und eine Gelberübe werden beigelegt, alles abgelöscht und wie ein Schmorbraten gegart. Meist sind die Rouladen fertig, wenn die Gelberübe richtig weich ist. Man nimmt sie dann heraus und rührt mit noch etwas Brühe den *Fond* auf, bis er sich ganz von der Pfanne gelöst hat, seiht die Soße durch und rührt noch 1 EL sauren Rahm darunter. Kartoffelstock und Gelberübengemüse paßt besonders gut dazu.

Eingemachtes Kalbfleisch

1 kg Kalbsbrust oder Bug, in große Stücke geschnitten, wird in den kochenden Sud von 3 l Wasser, Salz, 1 Sträuß-

chen Peterle, 1 kleinen Zwiebel, mit 1 Lorbeerblatt und 2 Nelken besteckt, 1 entkernten Zitronenscheibe, 4 EL Weißwein und ½ EL Essig ca. 1 Stunde lang weichgekocht. Aus 50 g Butter und 80 g Mehl macht man eine Schwitze, löscht sie mit Brühe ab, verrührt in einer Tasse 1 Eigelb mit etwas Soße, zieht es darunter, würzt mit Wein und läßt in dieser weißen Soße die Fleischwürfel heiß werden, aber nicht mehr kochen. Dazu breite Nudeln und Kopfsalat.

Gefüllte Kalbsbrust

Die Kalbsbrust bekommt man (auf Bestellung) beim Metzger entbeint und so zusammengenäht, daß nur ein Loch zum Füllen bleibt. Man reibt die Brust mit Salz und Pfeffer innen und außen leicht ab. Für 1 kg Fleisch braucht man zur *Fülle* oder *Farce* 2 trockene Wasserweckle, 2 Eier, ⅛ l Milch, ½ EL Salz, 1 Prise Pfeffer, Muskat, je 1 EL verwiegte Zwiebel und Peterle, 20 g Butter. Die Weckle in 1 cm große Würfel schneiden, mit Salz bestreuen, die kochendheiße Milch darübergießen und zudecken. Die verquirlten Eier, gedämpfte Zwiebel und Peterle samt Muskat nach ½ Stunde vorsichtig unter die Weckle mengen. Damit wird die Brust gefüllt und dann zugenäht. (Das macht man mit einer dicken Stopfnadel und Leinenzwirn oder dünner Schnur.) Das Fleisch drückt man vorsichtig etwas in die Breite. In die Bratpfanne kommt ein wenig Knochenbrühe oder Wasser und das Fett. Man läßt es zusammen aufkochen, legt die Brust hinein und dämpft sie zugedeckt 10 Minuten. Ist die Flüssigkeit verdampft, gibt man 1 Zwiebel und 1 Gelberübe dazu und läßt das Fleisch im Backofen bei nicht zu starker Hitze 1½ Stunden braten. Das Fleisch muß öfter mit Brühe begossen werden, damit es nicht aufplatzt. Ist es gar, nimmt man es heraus und macht aus dem Rückstand in der Pfanne eine nicht zu helle Soße, die mit angerührtem Stärkemehl (½ KL genügt!) sämig gemacht werden kann. Der Braten muß sehr vorsichtig 1–2 cm dick aufgeschnitten werden, mit einem Sägemesser am besten, damit die Fülle nicht herausfällt. Dazu gibt's schon wieder Nudeln und Salat!

Kalbsvögel

bereitet man wie Rindsrouladen vor. Die Füllung kann man nach dem Rezept für die Kalbsbrust machen (es genügt aber 1 Ei). Die gerollten »Vögel« werden ebenso geschmort. Die Soße soll hell bleiben und wird mit Weißwein abgeschmeckt.
Für besonders üppige und herzhaft schmeckende Kalbsvögel gibt es eine Fülle aus 50 g feinwürfelig geschnittenem Speck, 1 Knoblauchzehe, dünner Schale von ½ Zitrone, Thymian, 150 g durch den Wolf getriebenen Resten von Rinds- und Schweinebraten, 1 Eigelb und 3 EL Rahm. Dafür röstet man den Speck goldgelb an, gibt Rahm, zerdrückten Knoblauch, feingehackte Zitronenschale und Thymian, das Bratengehackte, Eigelb und Salz dazu. Die damit gefüllten Kalbsvögel werden zum Garschmoren auf Speckscheiben gelegt. Man gibt eine blättrig geschnittene Zwiebel dazu. Mit Brühe ablöschen, vor dem Anrichten die Soße mit Rahm aufgießen, aber diese Art nicht mit Wein abschmecken. Erbsen oder Spinat und Kartoffelstock dazu – ein Geburtstagsessen!

Kalbsbraten

Ein Bratenstück, nicht dicker als 5 cm, wird in so viel heiße, gesalzene Butter gelegt, daß es bis zur Mitte, also 2–3 cm hoch, davon umgeben ist. Bei 175° brät man es im Backofen unter häufigem Begießen mit dem Fett aus der Pfanne nicht länger als 20 Minuten.
Wilder Reis schmeckt ganz besonders fein dazu.

Rahmschnitzel

Wenn eines der Kinder nach Hause kommt, muß ich gar nicht fragen, was es zu essen geben soll: Rahmschnitzel und Spätzle ist das höchste! Der Metzger ist immer schwer zu bewegen, das Kalbfleisch so dünn zu schneiden, wie ich es dafür brauche. In Basel hingegen muß man nur »Plättli-Fleisch« verlangen, und man bekommt es richtig. Die Scheiben sind dann ungefähr so groß wie eine Handfläche und nicht dicker als ½ cm. Von 500 g dieser Plättle brät man leicht gesalzen, aber nicht geklopft so viele in heißer Butter schnell auf beiden Seiten hellbraun an, als gut auf dem Boden der Pfanne Platz haben und legt sie dann auf einen Teller; dann die nächsten in der gleichen Pfanne usf., bis alle angebraten sind. Manchmal muß man etwas Butter zugeben. Der Bratensatz in der Pfanne wird mit 1 EL Mehl bestreut und leicht gebräunt, dann mit ca. ¼ l Brühe abgelöscht und gerührt, bis sich alles vom Boden gelöst hat und ein sämiges, hellbraunes Sößle entstanden ist. ¼ l süßen und 2 EL dicken sauren Rahm rührt man nun dazu, und wenn die Soße aufgekocht hat, noch ⅛ l Weißwein. Mit Eigelb kann man sie notfalls dicker machen, aber nicht mit Mehl! In die heiße Soße rührt man dann den zusammengelaufenen Saft der Schnitzele ein und schmeckt mit Salz ab, bevor man die Fleischplättle wieder hineingibt und alles noch einmal heiß, aber nicht kochend macht.
Dazu gehören nun wirklich handgeschabte Spätzle. Ein feines, nicht so stark schmeckendes Gemüse oder grüner Salat ergänzt das Essen am besten. Achtung mit dem Wein: Ein fruchtiger, süßer ist falsch – ein Gutedel oder Riesling paßt! Man kann etwas Ähnliches auch aus schönem Schweinefleisch machen; so »edel« schmeckt es zwar nicht, aber wenn man nicht »Rahmschnitzel« dazu sagt, gibt es keine Enttäuschungen! So ist es auch bei Geschnetzeltem Kalbfleisch.

Geschnetzeltes Kalbfleisch

500 g *feingeschnetzeltes* Schnitzelfleisch wird mit Salz und wenig Pfeffer vermengt. In einer Pfanne läßt man 2 EL Butter heiß, aber nicht braun werden, gibt 2 EL ganz fein geschnittene Zwiebeln, am besten Schalotten, hinein und rührt sie langsam, bis sie hellbraun sind. Dann kommt das Fleisch dazu und muß ständig bewegt werden, bis es rundum weiß ist. Jetzt streut man 1–2 EL Mehl darüber. Hat sich das Mehl verbunden, röstet man es, wenn alle vom Fleisch abgesonderte Flüssigkeit aufgenommen ist, bis alles hellbraun aussieht. Mit guter, lauwarmer Fleischbrühe wird nun abgelöscht; man braucht ungefähr ½ l. Sobald das Sößle zu kochen beginnt, (man muß immer weiter rühren), dreht man die Hitze klein, deckt die Pfanne zu und läßt alles noch 5–10 Minuten durchziehen. Dann schmeckt man mit wenig Weißwein ab. Am besten schmecken dazu gute Brägel.

Echtes Züricher Geschnetzeltes

geht so: Das geschnetzelte Kalbfleisch wird mit Salz, Pfeffer und Mehl bestreut, in Butter unter fortwährendem Umwenden gedämpft, bis es anfängt, weiß zu werden; dann etwas Bratensaft zugeben, das Fleisch einmal aufkochen, anrichten und mit Zitronensaft beträufeln. Schnell servieren! Man denkt, man müßte

Wiener Schnitzel

hier nicht nochmals aufschreiben! Aber wenn man sieht, was alles sich so nennt, muß man doch sagen, was sich die Österreicher darunter vorstellen. Wenn man solch ein Riesending auf einem besonders großen Teller vor sich hingestellt bekommt, staunt man erst, und dann ist es gar nicht schwierig, damit fertig zu werden. Es gibt auch klugerweise nur Salat und Zitrone dazu: Die Beilage ist nämlich als Panierung schon dran.

Verschiedene grundsätzliche Eigenheiten hat dieses Schnitzel: Erstens ist es vom Kalb. Dann ist es gebacken und nicht gebraten, und es ist *paniert* und ganz dünn. Man schneidet ein normales Kalbschnitzel noch einmal fast durch, so daß es aufgeklappt werden kann. Dann wird es geklopft und auf beiden Seiten mit Salz und Pfeffer abgerieben. In einem großen Teller hat man ein Ei verkleppert und leicht gesalzen. Darin wendet man das Fleisch, bis es überall von Ei eingehüllt ist, läßt es kurz abtropfen und legt es in einen Teller voll Weckmehl. Man drückt es leicht von allen Seiten, auch an den Rändern, darin an, damit möglichst viel davon am Fleisch hängen bleibt. In schwimmendem Fett wird es dann schnell auf beiden Seiten goldbraun gebakken, kurz abgetropft und sehr heiß auf den Tisch gebracht. Erst auf dem heißen Teller beträufelt man es mit Zitronensaft. Man sieht auch in Bubenkreisen ein, daß zu einem solchen Schnitzel keine Pommes frites gehören!

Briesle und Hirn

Das Bries ist die Thymusdrüse der Säugetiere, die sich beim Jungtier früh wieder zurückbildet. Sie wird hauptsächlich vom Kalb, aber auch vom Schwein oder Lamm zu einem leicht verdaulichen, wertvollen und wohlschmeckenden Gericht zubereitet. Die Vorbereitung muß pünktlich und sorgfältig geschehen, damit Hirn wie Bries zart werden und beim Anrichten appetitlich aussehen.
Ein Kalbsbries wiegt roh ungefähr 500 g und reicht für 2–3 Portionen. Hirn ist kleiner.
Zuerst entfernt man (bei beidem) die außen liegenden und leicht lösbaren Adern und Häutchen und legt es dann für ½ Stunde in so viel lauwarmes Wasser, daß es ganz bedeckt ist. Nachher wird Bries in reichlich Salzwasser 8–10 Minuten lang, Hirn 5 Minuten lang gekocht. Dann wird es herausgenommen, und man kann, solange es noch heiß ist, die inneren Häute und Adern entfernen. Dabei zerfällt die Masse in große Stücke. Deshalb legt man die Teile eng zusammen zwischen 2 Brettchen und beschwert sie etwas: Sie kleben dadurch wieder zusammen und können, wenn sie abgekühlt sind, in 1 bis 2 cm dicke Scheiben geschnitten werden. Die bestäubt man rundum mit etwas

Mehl und bäckt sie in der Pfanne mit Butter auf beiden Seiten goldgelb. Die Scheiben können auch in Ei und Weckmehl wie Schnitzel paniert werden. Man gibt eine weiße Soße dazu, die mit Kräutern oder Pilzen gewürzt sein sollte. Schneidet man Hirn oder Briesle nach dem Kochen in kleine Würfel und bereitet sie wie Ragout zu, hat man eine feine Füllung für z. B. Pastetle.
Beim Schweinernen muß zuallererst vom

Schwarzwälder Schäufele

gesprochen werden. Dafür geht man hier weit, und man weiß sehr gut, wo es mild, saftig und fein gewürzt zu haben ist. Das Schäufele ist das Schulterblatt vom Schwein. Der Name kommt daher, daß der Knochen wie eine kleine Schaufel aussieht. Das Schäufele wird beim Metzger in Salzlake gelegt und kurz geräuchert. Nur selten noch geschieht das in einem Schwarzwälder »Rauchhaus«, wo Speck, Schinken und Würste hoch über der Feuerstelle aufgehängt wurden. Die ganz alten Bauernhöfe hatten keinen Kamin, der Rauch von Herd und Ofen strich unter dem Dach hin und suchte sich durch das Stroh oder die Schindeln einen Weg ins Freie. Kein Wunder, daß es diese Räucheranlagen kaum noch gibt, kein Wunder auch, daß die modernen Räuchereien den unverwechselbaren Geschmack nicht hinkriegen.
Ein Schäufele hat mit seinem großen Knochen zwischen 1 und 3 kg Gewicht; je größer, desto saftiger ist es meistens. Man läßt es in einem Sud, der es gerade bedeckt, 2 bis 3 Stunden langsam *ziehen*. Dieser Sud besteht aus ⅓ Wein und ⅔ Wasser. Es muß eine mit 1 Lorbeerblatt und 3 Nelken besteckte Zwiebel, 1 KL Wacholderbeeren, 1 KL weiße Pfefferkörner und ein Zweiglein Thymian drin sein, aber kein Salz. Sieht man, daß das Fleisch sich vom Knochen lößt, ist es gar (wie weich man es haben will, ist allerdings Geschmackssache). Nun versucht man auch die Brühe, weil man jetzt beurteilen kann, wie stark das gekaufte Schäufele gesalzen ist. Falls die Brühe »lahm« schmeckt, kann vorsichtig Salz zugegeben werden; das Fleisch kann dann noch ein paar Minuten im Sud bleiben. Dann löst man es vom Knochen, schneidet es der Faser

nach in Scheiben, legt es auf die Platte und gießt etwas Brühe darüber. Dazu gibt es Kartoffelsalat, der mit der Schäufelebrühe angemacht wird.
Schäufele auf Sauerkraut, kaltes Schäufele mit Bauernbrot, Schäufele am Stück gebraten, Schäufele im Brotteig gebakken – lauter gute Sachen! Und die übrige Brühe verwendet man für Kartoffel-, Grieß-, Riebele- oder Einlaufsuppe.

Schinken

wird ebenso gekocht. Vorderschinken sind nicht so saftig wie Hinterschinken. Letztere werden bei Festessen als Hauptgang mit Kartoffelstock und Kraut oder Schwarzwurzeln gegessen, auch mit Rosenkohl – mit Wintergemüsen also. Denn man schlachtet auf den Höfen hauptsächlich im Spätherbst oder Winter; dann hat man auch mehr Zeit für Feste, und Brautleute mußten früher mit dem »Hosdig« halt warten, bis der Festschmaus richtig beisammen war.

Schinken in Brotteig

hat sich auch in der Stadt einen großen Freundeskreis erworben: Der kräftige Geschmack des Fleischs und der säuerliche des Brots verbinden sich gut miteinander. Wird der Schinken noch sparsam mit Rosmarin bestreut, bevor er in die Brothülle kommt, schmeckt er besonders würzig. Wenn man allerdings meint, viel Gewürz bringe viel Geschmack, dann bringt man sich um den besten: Das ist der vom Schinken! Den Sauerteig von halbweißem Bauernbrot kann man vom Bäcker bekommen, wenn man nicht selbst Brot bäckt. Dort kann man den Schinken auch backen lassen. Er schmeckt allerdings am besten, wenn er noch gut warm aufgeschnitten auf den Tisch gebracht wird; wenn man ihn im eigenen Backofen noch einmal wärmen muß, kriegt man ihn aber manchmal nicht hinein, weil er zu groß ist – also vorher gut überlegen, wie man das organisiert!

Fleischküchle

werden aus dem gleichen Fleischteig gemacht wie Gefüllter Hackbraten. Sie sollten (mit nassen Händen!) in etwa 5 cm große, 4 cm dicke Küchle geformt, in Weckmehl gedreht und auf beiden Seiten in heißem Fett gebraten werden. Wir mögen Kartoffelsalat am liebsten dazu. Kalt, in Scheiben geschnitten, kann man übriggebliebene Fleischküchle gut zu Aufschnitt auf die Platte legen.

Leberknödel

macht man bei uns nicht so groß wie in Bayern, dafür aber viele! Ich nehme dazu 650 g gehackte Rinderleber, 2 Eier, 2 alte, eingeweichte und ausgedrückte Wasserweckle, je 1 EL gedämpfte Zwiebel und Peterle, etwas Majoran, Salz und Pfeffer. Daraus mache ich einen möglichst glatten Teig. Mit 2 Eßlöffeln, die jedes Mal vorher in kaltes Wasser getaucht werden müssen, lege ich in sprudelndes Salzwasser einen Kloß nach dem anderen. Das geht so: Einen Löffel hoch mit Teig füllen, über das Kochwasser halten, ihn mit dem anderen Löffel ablösen und ins Wasser legen – nicht *»plotzen«* lassen! Das Kochwasser kühlt sich dabei etwas ab und soll nun auch nicht mehr sprudeln. Die Knödel kommen nach kurzer Zeit an die Oberfläche, müssen aber dort noch 10 Minuten ziehen, sonst sind sie nicht durch. Mit einem Schaumlöffel nimmt man sie heraus und legt sie auf die heiße Platte. Müssen sie im Backofen warmgehalten werden, bis aller Teig verarbeitet ist, schüttet man etwas Brühe auf die Platte und legt ein Pergamentpapier über die fertigen Knödel, damit sie nicht austrocknen. Sind alle fertig, schmälzt man sie mit 50–80 g Butter, in der 1–2 EL Weckmehl geröstet sind, ab. Wenn die Knödel beim ersten Versuch nicht so gleichmäßig schön werden, wie man sie gern hätte, ist das halb so schlimm, als wenn man sie mit zusätzlichem Mehl im Teig fest und pampig macht! Dazu gibt's Erbsenbrei oder Kartoffelstock, Sauerkraut oder Salat.

Gefüllter Hackbraten

Aus 250 g gehacktem Rindfleisch und 250 g gehacktem Schweinefleisch, 1 Ei, je 1 EL gehackter und gedämpfter Zwiebel und Peterle, 1 alten, eingeweichten und ausgedrückten Milchweckle, Salz, Pfeffer, Majoran und etwas Salbei macht man einen Fleischteig und füllt die Hälfte davon in eine gefettete Kastenform. Darauf kommen, in Längsrichtung gelegt, 2–4 geschälte Eier, die 7 Minuten gekocht wurden. Die andere Hälfte des Teigs wird darüber ausgebreitet, die Seiten fest aneinandergedrückt und die Oberfläche mit 20 g heißer Butter übergossen. 45 Minuten braucht der Hackbraten im heißen Ofen. Man kann auch den Fleischteig um die Eier rollen, ihn in Weckmehl wenden und in der Pfanne braten. Mir verrutschen dabei aber die Eier oft, und dann werden die Scheiben beim Aufschneiden nicht schön.

Bratwürste

Dazu nur 2 Tips: Sowohl die groben wie die feinen drehe ich roh in einem Teller mit Milch um. Sie werden dann beim Braten schön braun, platzen appetitlich in der Mitte längs etwas auf, ohne auszulaufen. Die dazu gehörenden Zwiebeln (in dünne Scheiben geschnitten) kommen erst in die Pfanne, wenn die Würste bereits gewendet sind, und dann nebendran. Sonst werden sie leicht zu dunkel oder verbrennen gar, wenn sie unter die Würste geraten! Soße gehört nicht an knusprige Bratwürste! Es könnte ja auch nur eine »fremde« sein, und das zählt mit Recht zu den Geschmacksverirrungen.

Blut- und Leberwürste

werden von der frischen Schlachtung gemacht, und da muß man den Metzger kennen! Ganz ohne *Grieben* fehlt der Blutwurst der rechte Geschmack, und auf Leberwürste, bei denen die Leber durch Gewürze ersetzt ist, fällt man auch nur einmal herein. Beide Sorten sind in Naturdarm gefüllt und müssen zweimal abgebunden sein, damit man sie zum

Braten auseinanderschneiden kann, ohne daß sie auslaufen. Damit sie nicht platzen, lege ich sie vor dem Braten 10 Minuten in heißes Wasser und trockne sie ab, bevor sie ins heiße Fett kommen. Umdrehen muß man sie mit 2 Kochlöffeln, nicht mit etwas Spitzem, Scharfem! Und mit den Zwiebeln macht man es wie bei den Bratwürsten.

Stallhasen

haben lange Tradition! Sie werden in große Teile zerlegt und in eine *Marinade* von Rotwein, Gelberübenscheiben, wenig Pfefferkörnern und Wachholderbeeren, 1–2 Lorbeerblättern und 1 Sträußle Peterle eingelegt. Nach 2 Tagen werden die Stücke getrocknet, gesalzen und gepfeffert. Das Braten geht wie bei der Lammkeule, die Beilagen auch.
Die Elsässer legen logischerweise die Hasenstücke in Weißwein ein, nach der Faustregel: weißes Fleisch – weißer Wein. Und wenn jemand seine »Häsle« so pflegt und füttert wie unser Nachbar, braucht man sie überhaupt nicht zu marinieren, denn ihr Geschmack ist von selbst rein und gut. Dann legt man Gelberüben und Zwiebel zum Anbraten dazu; alles weitere geht wie beim marinierten Hasen.

Lamm und Hammel

stehen bei uns jetzt ebenfalls auf den Speisekarten Zu Hause ist aber bei uns nur die Lammkeule als Osteressen. Auf den Höfen gab's selten Schafe: Die Weiden rentierten sich besser für Rinder. Eher gab's Fleischgerichte von der »Bahnwartskuh«, der Geiß oder Ziege, aber auch das ist vorbei. Von den Schäfern aus der Schwäbischen Alb, die im Frühjahr ihre Herden hier das erste Gras abweiden lassen, konnten die Hausfrauen ihr Osterlamm beziehen.

Lammkeule

machen sie dann so: Die Keulen werden gesalzen und gepfeffert, mit Zwiebeln und Gelberübe rundum in heißem Fett angebraten, mit Mehl bestäubt und mit Weißwein abgelöscht. Im Backofen werden sie unter häufigem Begießen mit dem Bratensaft gar geschmort. Die Soße passiert man dann durch und bindet sie mit dickem saurem Rahm ab. Nudeln und der erste Kopfsalat ergänzen die Keulen zum Osterfestessen.

Eierspeisen

heißt das nächste Stichwort.
Ich möchte aber nur von den Hühnereiern sprechen, obwohl man die Eier vieler Wildvögel und auch die von Gänsen und Enten essen kann. Aber auch vom Huhn ist Ei nicht gleich Ei! Ob ein Unterschied zwischen braun- und weißschaligen Eiern besteht, kann ich nicht feststellen; aber zwischen frischen und anderen merkt ihn jeder. Streng genommen ist ein frisches Ei nur 24 Stunden lang so zu nennen. Und wenn ein solches von einem wirklich frei laufenden Huhn stammt, dann merkt man einmal wieder, wie ein Ei schmecken sollte. Aber es lohnt sich dafür auch, einen weiteren Weg zu machen oder früh genug auf dem Markt zu sein, um von der vertrauenswürdigen Eierfrau noch was zu erwischen! Diese Eier sind auch normal groß, nicht so riesig, daß man beim Backen Eiweiß und Dotter extra wiegen muß, weil sonst kein Rezept mehr stimmt. Beim Backen verliert sich der Futtergeschmack und Geruch von Eiern aus der Legebatterie allerdings meistens. Trotzdem sollte man die alte Regel nicht außer acht lassen: Wenn mehrere Eier in ein Gericht kommen, soll jedes für sich in einer Tasse aufgeschlagen werden. Denn ein altes oder sonst nicht anständig riechendes Ei kann gründlich die ganze Speise verderben. Daß wir rund um das Jahr Eier zu kaum schwankenden Preisen kaufen können, hat natürlich auch große Vorteile. Die Bauerhofhühner legten im Winter kaum. Die wenigen Eier waren daher sehr teuer. Deshalb hat man sich in der Hauptlegezeit, wenn sie billig waren, einen Vorrat angelegt: Man füllte sie in einen großen Steintopf mit Wasserglas. Da hielten sie sich und waren für Backen und Kochen brauchbar. Mit einem frischen Ei hatten sie allerdings auch nicht viel zu tun. Und wenn man in den Keller geschickt wurde, um Eier aus dem Wasserglas zu holen, dann hat es mir immer gegraust, wenn ich in den Topf mit dem kalten, glibberigen Zeug hineinlangen mußte!

Es gibt, soviel ich weiß, nur wenige Kochrezepte aus Eiern, die für unsere Gegend so typisch wären wie Soleier fürs Rheinland. Ein paar Eiergerichte möchte ich jedoch erwähnen, weil sie in der Familie zum »Repertoire« gehören.

Verlorene Eier

Man braucht für 3 Personen 6 frische Eier, 2 l Wasser mit 2 EL Salz und 2 EL Essig drin. Die Flüssigkeit wird zum Kochen gebracht. Die Eier werden, eins nach dem anderen, in einen tiefen kleinen Schöpflöffel aufgeklopft. Im Wasser läßt man das Ei vorsichtig aus dem Schöpfer herausfallen. In zugedecktem Topf sollen die Eier 3 Minuten ziehen – das Wasser darf kein bissel strudeln –, dann kann man sie mit dem Schaumlöffel herausnehmen. Das Eigelb sollte noch weich sein! In gesalzenem kaltem Wasser abschrekken, wieder ins heiße Wasser legen und dann schnell auf den Tisch bringen! Wenn die verlorenen Eier besonders schön aussehen sollen, schneidet man vor dem Anrichten das fransige Eiweiß mit der Schere ab. Zu Spinat und Salzkartoffeln sehr zu empfehlen! Sehr wichtige Eier sind natürlich die Ostereier.

Ostereier

Dazu habe ich ein paar Ratschläge für Leute, die nicht gern mit chemischen Farben umgehen: Von Weihnachten an sammle ich die anfallenden Zwiebelschalen und halte die roten von den braunen getrennt. Wenn ich Ostereier koche, lege ich die Zwiebelschalen ins kalte Wasser und koche sie eine halbe Stunde aus. Dann wird das Wasser abgeseiht und muß abkühlen, bis 1 Prise Salz und ein *Schuß* Essig dazukommen können. Die Eier werden an ihrem breiten »Ende« mit einer Nähnadel oder dem Eierstupfer eingestochen; sie platzen dann nicht so leicht. So kommen sie in die gerade noch warme Zwiebelbrühe und bleiben – vom Kochen an gerechnet – gute 10 Minuten drin. (Lieber einen etwas grün gewordenen Dotter als flüssiges Eigelb auf den Osterkleidern!) Wenn die Eier fertig gekocht sind, müssen sie unbedingt in kaltem Wasser abgeschreckt werden. Nun haben wir von den braunen Zwiebelschalen schön rostbraun gefärbte Eier, von den roten werden sie mehr violett. Mit getrockneten Birkenblättern, wenn es noch keine frischen gibt, kann man gelbe Eier färben, mit Henna rote, mit Färberwaid blaue usf. Fast alle Kräuter, mit denen man Wolle färbt, gehen auch für Ostereier. Kunstfertige Leute können mit dünnem Faden die ersten Blättchen auf die Eier binden, bevor sie ins Färbebad kommen. Das ist eine alte Sitte, die am Kaiserstuhl noch immer lebendig ist. Heute legt man oft die Pflanzenteile auf die Eier, zieht ein Stück eines dünnen Perlonstrumpfes fest gespannt darüber und bindet ihn unten ab. Nach dem Färben nimmt man die Kräutlein ab und hat ein schönes weißes Ornament auf dem Ei. Alle abgeschreckten Eier reibt man mit einer Speckschwarte ab, solange sie noch warm sind – sie glänzen dann so schön und fetten bald nicht mehr.

Falsche Fische

sind eigentlich eine Fastenspeise. Man läßt dazu pro Person 2 Eier 5 Minuten lang kochen, schreckt sie ab und schält sie. Eine Buttersoße, die mit Fleischbrühe abgelöscht wurde, gießt man darüber und gibt gebackenes Brot (Toast) dazu.

Senfeier

sind aus hartgekochten Eiern. In eine gut durchgekochte Senfsoße, die mit Dill, Peterle und Estragon oder mit Kapern gewürzt ist, legt man die in zwei Teile längs durchgeschnittenen Eier ein, bis sie wieder heiß geworden sind. Wenn man rührt, fällt das Eigelb heraus! Mit Tomaten- oder Gurkensalat schmecken diese Eier sehr gut zu Reis oder Schwellern.

Omelette, Großmutters Art

Für 1 Person: 2 Eier, 2 EL Milch, 1 EL Schnittlauch, 1 EL Zwiebeln, braun gedämpft, und 4 EL feingeschnittene gekochte Nudeln werden miteinander verrührt und die ganze Masse in einer weiten Pfanne auf heißer Butter glattgestrichen. Man bäckt diesen Kuchen nur auf einer Seite und klappt ihn beim Anrichten in der Mitte zusammen.

Ochsenaugen

heißen hierzulande die Spiegeleier. Die alten Spezialformen dafür kann man als Küchenwandschmuck wieder kaufen und auf Kohlenherden immer noch verwenden: Sie werden mit Butter ausgestrichen, und in jede Vertiefung schlägt man ein Ei auf. Das Gelbe und das Weiße wird darin gleichzeitig gar, und perfekte Ochsenaugen schauen uns an.
In gewöhnliche Pfannen gibt man etwas Butter, erhitzt sie, ohne sie braun werden zu lassen, schlägt schnell die Eier hinein und brät sie, bis das Eiweiß fest, aber das Gelbe eben noch flüssig ist. Um auch in unseren Allzweckpfannen regelrechte »Ochsenaugen« fertigzubringen, hat die Industrie Ringe herausgebracht, die man auf de Pfannenboden legt und die Eier in diese Eingrenzungen aufschlägt.

Fische

Zu ihnen hat man hier ein beinahe zwiespältiges Verhältnis: Vom Seefisch sind wir doch bis vor zwei Generationen sehr weit weg gewesen! Zwar hat man eine gewisse Scheu vor ihm längst verloren und weiß mit ihm umzugehen, aber immer noch nur in den Monaten mit »r«! Was man hier eigentlich unter Fisch versteht, das sind die Süßwasserbewohner, und das ist in den einzelnen Regionen nochmals sehr verschieden, steht sozusagen für die engste Heimat. Meine ersten Erfahrungen hatte ich als Kind damit, als ich mit einem Onkel in einem »Tribord« saß, irgendwo im Taubergießen, und so still sein mußte, daß ich mich nicht getraute, die Schnaken abzuwehren! Aber im Rhein und seinen Nebenarmen und Zuflüssen gab's Schleien, Aale, Weißfische, auch Karpfen, Barsche und noch viele mehr. Und das waren dort »die Fische«! In den Schwarzwaldbächen dagegen fing man Forellen. Die Buben konnten's mit der Hand, durften sich aber nicht erwischen lassen! Aus den Seen holte man den Hecht, auch manchmal den Karpfen. Und die Leute vom Bodensee schwörten hauptsächlich auf Felchen und Egli (Barsch). Viel von dieser herrlichen Vielfalt ist verlorengegangen. Auch im Schwarzwald bekommt man fast nur noch Zuchtforellen. Wenn sie aber aus guten Händen kommen, sind sie auch sehr gut – den Vergleich mit den »wilden« hat ja kaum mehr jemand. Rheinfische kann man auch nur noch an wenigen Plätzen wirklich genießen, und was aus den hochgelegenen Seen kommt, essen die Angler selber. Vom Bodensee gibt's aber noch Fische – am besten ißt man sie gleich dort! Durch alle diese Veränderungen sind auch viele der z. T. raffinierten Rezepte nicht mehr auszuführen. Aber einige davon schreibe ich auf, in der Hoffnung, daß sie wieder oder noch gemacht werden können.

Forelle blau

gibt's noch, und so wird der Fisch gekocht:
Man *nimmt* die Forelle frisch *aus*, am besten unter fließendem Wasser, und paßt dabei auf, daß der Schleim auf der Außenhaut nicht weggeht, weil sie sonst beim Sieden nicht mehr »blau« wird. Eine Forelle wiegt ungefähr 200 g, oft mehr. Für 6 Fische richtet man einen Sud von 3 l Wasser mit 2–3 EL Salz, 1 Sträußle Peterle, ⅛ l Weißwein, ½ Zitrone in Scheiben, ohne Kerne, 6 Pfefferkörnern, ½ Lorbeerblatt. ⅛ l Weinessig wird heiß gemacht, und man begießt damit die Forellen, bevor man sie vorsichtig in den Fischsud legt. (Ein Fischkocher ist sehr nützlich – man kann 2–3 Forellen gleichzeitig sieden!) 8–10 Minuten müssen die Fische auf schwacher Hitze ziehen. Wenn sich das Fleisch von den Gräten zu lösen beginnt und die Augen als weiße Kügelchen heraustreten, sind sie gar. Mit Zitronenschnitzen und klarer, heißer Butter müssen sie schnell aufgetragen werden. Salzkartoffeln als Beilage geben!

Forellenfilet in Riesling

Dafür rechnet man für 4 Personen je eine nicht kleine Forelle und nimmt sie aus. Mit scharfem Messer löst man vorsichtig das Fleisch von den Gräten, so, daß 4 lange Fischteile entstehen. Damit sie schön werden und ganz bleiben, schneidet man zuerst der Rückenseite, dann der Bauchseite entlang. Wenn diese Teile abgelöst sind, teilt man sie weiter, indem man an der Innenseite da entlang schneidet, wo die Fleischfasern gegeneinanderlaufen. Aus den Gräten, ohne Kopf, 2 Schalotten, 1 Lorbeerblatt, 1 kleinen Lauchstange, 1 kleinen Schnitz Sellerie oder 2 Blättern, ¼ l Wasser, ½ l Riesling, 1 Messerspitze Kümmel, 1 Sträußchen Dill, 4 weißen Pfefferkörnern und 1 KL Salz kocht man 10 Minuten lang einen Sud. Die Forellenfilets werden leicht gesalzen und mit Zitronensaft beträufelt. So legt man sie in eine gebutterte flache Form nebeneinander und gießt den Sud durch ein Sieb darüber, wenn er gut abgekühlt ist. Die Form kommt in den gut vorgeheizten Backofen und bleibt ca. 4 Minuten bei höchster Hitzestufe drin. Dann wird der Sud in einen Topf abgegossen und um die Hälfte

eingekocht (die Filets müssen warmgehalten werden!). Aus 1 KL Butter, mit 1 KL Mehl glatt verrührt, mit 2 EL Sud abgelöscht, wird kurz eine Schwitze gemacht, die dann den Sud abbindet zur weißen Soße. Jetzt kann die Haut von den Filets abgezogen werden, und die Soße wird darübergegossen. Mit einem Dillblättchen garnieren und Reis dazu geben.
Das ist ein ausgezeichnetes Gericht, das sogar von Leuten hoch geschätzt wird, die sonst Fisch nicht zu mögen vorgeben. Allerdings muß man genau und flink arbeiten, wenn es aufs beste gelingen soll.

Forelle gebacken (Müllerin)

Dazu werden die vorgerichteten Forellen gesalzen und innen und außen mit Zitronensaft leicht abgerieben. Nach 15 Minuten wendet man sie in Mehl und brät sie dann in heißer Butter etwa 7 Minuten lang auf jeder Seite.

Hecht gedämpft

Für 4 Personen nimmt man 8 Hechtfiletstücke und läßt sie, wenn sie mit Salz und Pfeffer abgerieben sind, 10 Minuten aufeinander liegen. In einer großen Deckelpfanne wird 125 g Butter erhitzt. Man legt die Fischstücke hinein, streut 1 KL Weckmehl darüber und etwas gehackten Peterle, gießt ¼ l Riesling und den Saft von ½ Zitrone dazu (nicht darüber!); so läßt man den Fisch 20–30 Minuten weichdünsten. Dann kommt er auf eine gut heiße Platte. Die zurückbleibende Flüssigkeit kann man mit 2 EL dickem saurem Rahm oder 2 Eigelb zu einer Soße rühren. Dazu schmecken Salzkartoffeln und Gurkensalat sehr gut!

Basler Hechtklößli

Aus 250 g Hechtfleisch ohne Haut und Gräten, 160 g Butter, 2 eingeweichten und ausgedrückten Weckle macht man ein Gemisch, das miteinander zuerst fein gehackt und dann im Mörser noch gestoßen werden muß. Dann kommen 4 Eier, Pfeffer, Salz, Muskat und feingehackter Peterle dazu. Gibt es keinen glatten Teig, muß die Masse noch durch ein Haarsieb gestrichen werden! Dann kann man daraus enteneigroße Klößchen formen. Diese werden im Fischsud (wie für Forellen) abgekocht und in eine

weiße Soße eingelegt. Dafür macht man aus 2 EL Butter und 1 EL Mehl eine Schwitze, löscht sie mit ¼ l Fischsud ab und füllt sie mit ⅛ l Weißwein auf. Mit 1 Eigelb wird die Soße *abgezogen* und mit 1 KL Kapern gewürzt. Dazu Reis oder feine Butternudeln.
Diese Menge reicht als Vorspeise für 5–6 Personen und braucht keine Beilagen. Als Hauptgang ergibt sie 2–3 Portionen.

Aal in Rebblättern

Den gereinigten, ausgenommenen, aber nicht abgezogenen (= enthäuteten) frischen Aal schneidet man in fingerlange Stücke, salzt sie gut und legt jedes Stück auf ein Rebblatt. Auf jedes Blatt kommt noch ein Lorbeerblatt und eine Zitronenscheibe und wird mit dem Aalstück in das Blatt eingewickelt und mit einem Faden zugebunden. Nun kann man diese Päckchen entweder mit Öl bestreichen und auf dem Rost braten (grillen) oder auf ein gebuttertes Blech setzen, jedem ein Butterflöckchen obendrauf geben und ½ bis ¾ Stunde im Ofen backen. Beim Anrichten löst man den Faden ab und beträufelt mit Zitronensaft. Man kann sowohl Salzkartoffeln als auch Reis dazu machen; auch mit einem Toastbrot schmeckt der Aal gut.

Gebackener Karpfen

Wird der Karpfen nicht als Weihnachtsschmaus blau gekocht, schneidet man ihn in portionengroße Stücke, reibt sie mit Zitronensaft ein und salzt sie. Dann überstreut man sie mit Mehl und paniert sie in Ei und Weckmehl. So bäckt man sie in schwimmendem Fett und ißt Kartoffelsalat dazu.
Berühmt sind die Karpfen aus dem Sundgau. Man kann sich schon auf dem Weg zu einer der Karpfenwirtschaften darauf freuen, wenn man an den vielen Teichen vorbeifährt, wo sie seit langem gezüchtet werden. Dort ißt man die Karpfenscheiben auch fritiert, bekommt Bauernbrot dazu und roten Landwein, als wäre die Zeit stehengeblieben, seit der Karpfen dort ein einfaches Volksnahrungsmittel war!

Salm (oder Lachs) kalt, mit Eiersoße

Für 6 Personen kauft man 1 kg Salm am Stück. Im Fischsud wird er zum Kochen gebracht und muß dann bei schwacher Hitze noch ¾ Stunde zugedeckt ziehen. Dann nimmt man ihn heraus, läßt Fisch und Sud erkalten und legt den Fisch dann wieder in den Sud, bis er angerichtet wird. Er wird am Stück aufgetragen, damit er nicht trocken wird. Nur die Haut schneidet man ein wenig ein, damit er sich am Tisch besser teilen läßt.

Zur Soße kocht man 3 Eier hart, hackt das Eiweiß fein, zerdrückt das Eigelb, würzt mit Salz und Pfeffer, rührt es mit ⅛ l Öl und dem Saft ½ Zitrone glatt. Zuletzt mischt man 1 EL feingeschnittenen Schnittlauch darunter.

Salm gekocht

1 kg Salm wird im Fischsud 30 Minuten gekocht und mit holländischer oder Kräutersoße serviert.

Salm hat der Phantasie der Köchinnen besonders viele Rezepte entlockt, war er doch früher so reichlich auf dem Markt, daß er das billigste Fleisch war! Und die dienstbaren Geister der Bürgerfamilien sollen rebelliert haben: Mehr als fünfmal in der Woche wollten sie Salm nicht essen – es wurde eine regelrechte Verordnung dafür erlassen. Und wir Heutigen begrüßen es mit respektvollem Ah und Oh, wenn er aufgetischt wird!
Ähnlich ist es mit den Flußkrebsen: Durch die Flußregulierungen sind – wie die Frösche – auch die Krebse verschwunden (und mit ihnen die Störche). Ich weiß schon nicht mehr, wie »unsere Krebse« schmeckten!

Felchen

sind uns aber geblieben. Dieser Bodenseefisch wird wie Forellen zubereitet und hat einen sehr feinen Geschmack. Er hat nur mehr Gräten und gehörte deshalb bei uns zu den Gerichten, die schweigend verzehrt werden mußten, damit man besser aufpaßte!

Egli oder Barsch

leben auch »im See«. Sie werden meist filetiert zubereitet, entweder wie Hecht in einer säuerlichen Soße oder *fritiert* mit kalter Eiersoße.

Geflügel

Auf allen Höfen gibt's Federvieh, und im allgemeinen dürfen die Tiere noch ein recht normales Leben führen. Früher wurde das meiste Schlachtgeflügel auf den Markt einer Stadt gebracht und in Bürgerhäusern verzehrt. Aber beileibe nicht nur die zu alten Suppenhühner und die zu großen Hähne bereiteten sich die Bauern selbst zu: Zu bestimmten Jahreszeiten und an Feiertagen gönnte man sich die Guten auch selber. Die Männer hatten da nichts dreinzureden: Auf dem Bauernhof sind Hühner und Eier wie auch die Milch Frauensache! So haben wir gute Rezepte aus der Stadt und vom Land, und die sind in anderen Gauen genauso zu finden. Zwei Spezialitäten aber, die man anderswo nicht zubereitet, sind hier über die ganze Landschaft verbreitet, ganz gleich, ob man nun zum Hahn Gockler, Guller, Gockel, Güggel oder noch anders sagt!

Mistkratzerle

ist die eine – ja nicht zu verwechseln mit Stubenküken! *Mistkratzerle* sind junge Hähne, die außer den gefütterten Körnern ihre Nahrung schon selbst im Freien mit Grünem ergänzen. Aber auch aus dem Misthaufen kratzen sie sich heraus, was da für sie zu finden ist. Mistkratzerle dürfen also etwas länger leben als Stubenküken. Sie müssen auch freien Auslauf haben, sonst darf man sie nicht so nennen. Normalerweise sind sie so um Pfingsten herum schlachtreif. Sie werden gerupft, geflämmt und ausgenommen. Statt der Eingeweide bekommen sie ein Sträußle Peterle, Zwiebelringe und ein bissel Thymian in den Bauch. In gutem Fett werden sie rundherum angebraten und dann im Backofen unter häufigem Begießen mit ein wenig Brühe und ihrem Bratensaft knusprig gar gebraten.

Hahn in Wein

heißt im Elsaß »Coq au Riesling« und ist sicher dort auch »erfunden« worden. Für das Gelingen dieses herrlichen Gerichts sind zwei Dinge ausschlaggebend: die Güte des Hahns und die Güte des Weins. Der Hahn sollte nur eben ausgewachsen, aber nicht älter sein. Und der Riesling darf sogar ein Gütezeichen haben: Er ist dafür wirklich nicht zu schade. – Der gerupfte, geflämmte Hahn wird ausgenommen und in große Teile zerlegt (Beine, Flügel, Rücken, Brust usw.). Sie werden leicht gesalzen und gepfeffert. In eine Pfanne kommt Butter, ein paar Gelberüben-Scheiben, höchstens ¼ von einer Zwiebel, 1 EL Mehl. Unter Rühren dämpft man alles, bis die Zwiebel glasig ist. Dann wird mit ¼ l Wein abgelöscht und die Fleischteile in diesem Fond gedünstet, bis sie weich sind. Die Hahnenteile müssen immer wieder mit dem Weinfond begossen werden. Nach ungefähr einer ¾ Stunde löst sich das Fleisch leicht von den Knochen, und man nimmt es heraus und stellt es warm. In den Fond rührt man noch ¼ l Wein und 2 EL sauren Rahm, gibt ein Lorbeerblatt dazu und erhitzt die Soße bis zum Kochen. Den Hahn legt man noch einmal kurz hinein. Dann richtet man ihn in heißer Schüssel an und gießt die Soße darüber. Mit Butternudeln und einem sanft angemachten Salat kommt er auf den Tisch. Eine besondere Rolle spielt im Jahresablauf die Gans.

Gans

Warum »feine Leute« keine Gänse hielten, weiß ich nicht, aber es war so. Jedenfalls: Gegessen haben sie sie gern! Bei uns gab es aber ein Ölbild von der Mühle, von der die Urgroßmutter stammte, und das durfte nicht aufgehängt werden, weil der Maler zur Belebung des Vordergrunds Gänse in die grüne Wiese gemalt hatte! Eine besonders gute Gans gab es alljährlich bei meiner Mutter am Abend des Martinstags. Mit unseren Laternen sind wir zu ihr auf den Berg gepilgert, und wenn wir ankamen, war der Braten schon fertig: zart, weil fett, schön langsam gebraten und fleißig begossen, mit Beifuß ausgerieben, mit etwas Majoran gewürzt und mit Maroni gefüllt! Dazu gab's dann aber nur Rotkraut, denn den Kartoffelstock hätte doch keiner mehr angerührt.
Dann gab's Gans erst wieder an Weihnachten.

Wild

Damit sind wir hier immer noch reich gesegnet: Rehe, Hirsche, Hasen, Wildschweine und sogar Gemsen sind in den Wäldern jagdbar, und in der Ebene gibt es viele Fasanen und Rebhühner. Aber wenn man auf dem Land nicht gerade einen Wilderer in der Familie hatte, aß man Wild fast nur in den Städten: Es war »Herrenessen«. Und die Zubereitungsarten haben wenig für die Gegend allein Typisches. Ich bin auch gar nicht sicher, ob »Rehrücken Baden-Baden« eine badische Kreation ist – jedenfalls steht er in allen Kochbüchern. Daß Spätzle, Pfifferlinge und Preiselbeeren dabei sind, spricht für die Herkunft aus unseren Breiten. Wo man allerdings Ananas dazu gibt, hat man wenig Ahnung von der badischen Küche! Gerade beim Wild läßt man sich vom Eigengeschmack nicht durch fremde Zutaten ablenken. Auch das weitverbreitete Spicken eines Wildbratens läßt man bleiben, wenn man weiß, daß man es nicht mit einem uralten Tier zu tun hat. Das Fleisch wird dabei stark verletzt, der Eigensaft kann auslaufen, und der Geschmack vom Speck hebt den vom Wild nicht, sondern unterdrückt ihn. Aber es gibt schon gute Gründe, Speckstreifen einzuziehen: Manches zähe Stück kann man damit verbessern!
Wirkliche Feinschmecker warten auch heute noch, bis die Jagd offen ist, wenn sie Wild essen möchten. Der Unterschied zum Tiefgekühlten ist zwar bei Rehwild nicht ganz so groß. Aber für Flugwild ist der letzte Termin 3 bis 4 Tage nach Ende der Jagd.

Rehrücken

Ein Rehrücken (oder -ziemer) wird gehäutet, notfalls gespickt, mit Salz und Pfeffer abgerieben und in heißem Fett umgedreht. Mit einer ganzen geschälten Zwiebel und einer Gelberübe wird er auf beiden Seiten angebraten. Wenn die Zwiebel braun ist, wird er mit wenig heißer Grünsbrühe abgelöscht und im Backofen 1 bis 1½ Stunden gebraten und fleißig mit Buttermilch oder saurem Rahm begossen. Das Fleisch sollte innen noch ganz rosa sein. Die beim Braten entstandene Soße wird durchpassiert, der Bratensatz mit wenig Brühe losgekocht und dazupassiert. Hat man Pfifferlinge, werden die gesondert zuerst im eigenen Saft gar gedämpft und der Soße beigegeben.
Rehbug und -schlegel (Keule) werden ebenso zubereitet. Preiselbeeren und Spätzle oder Nudeln essen wir hier dazu.

Von den vielen Wildgerichten, die es gibt, die aber hier nicht aufgeschrieben werden müssen, weil sie in allen Kochbüchern vorkommen, sei aber der

Hasenpfeffer

doch ausführlicher erwähnt, denn er gehörte an Weihnachten am allermeisten »dazu«. Und der war nicht vom Stallhasen, sondern vom wilden. Vielleicht bekam er bei uns Tradition, weil er nicht so teuer war; aber ich befürchte, daß er selten gekauft wurde: Man »besorgte« ihn sich, und wir wollen lieber nicht so genau wissen, wie. Jedenfalls wird er wie ein Stallhase zerlegt und gebeizt, sein Blut aufbewahrt. Zum Anbraten trocknet man ihn ab, pfeffert und salzt ihn und wendet die Stücke in Mehl. So wird er *scharf* angebraten. Inzwischen hat man die Marinade auf gut die Hälfte *eingekocht*, das Hasenblut mit etwas Kartoffel- oder Maismehl verrührt und dazugegeben, aufgekocht, mit Salz, Pfeffer, Rotwein und etwas Preiselbeergelee gewürzt und läßt nun die Hasenteile langsam darin gar werden. – Dazu muß es Spätzle und süß-saure Zwetschgen geben!
Der Hasenrücken wird oft als Braten gesondert zubereitet. Ist er von einem älteren Tier, schmeckt er zarter, wenn man

ihn spickt, d. h. mit Speckstreifen durchzieht, und zwar den Fleischfasern nach. Sonst wird er nur mit Speckscheiben belegt, wenn er im heißen Fett an der Oberseite angebraten und gewendet ist. Hat man ihn selbst mariniert wie bei Stallhasen, sollte man einen Teil des Gemüses aus der Marinade zum Braten legen. Dieses bestäubt man oft mit Mehl, bevor man den Fond ablöscht. Das sollte man besser mit Brühe oder notfalls Wasser machen, nicht mit der sauren Flüssigkeit der Marinade. Die Soße kann man, wenn der Braten gar und herausgenommen ist, mit süßem Rahm abrühren und einmal kurz aufkochen lassen.
Vom Stall- wie Wildhasen blieben früher eigentlich nur Schnurrbart und Löffel übrig. Und das Fell, das ihm buchstäblich über die Ohren gezogen worden war, sah man allenthalben nach der Schlachtung umgestülpt zum Austrocknen am Gartenzaun hängen.

Fasanen und Rebhühner

sollen *abgehängt* sein, sagt man immer. Aber einen »Haut Goût« sollen sie für unseren Geschmack auch nicht haben. Je nach Witterung muß der Fasan im Federkleid 3 bis 6 Tage, das Rebhuhn 2 bis 3 Tage an einem luftigen Ort hängen. Das empfahl mir auch ein Jägersmann in Mähren, als er mir einen Fasanen schenkte. Völlig unerfahren, wie ich war, hängte ich den Vogel in den zugigen Speicher ans offene Fenster. Es war eine hungrige Zeit damals, und wir zwangen uns, erst am vierten Tag nach unserem Braten zu schauen. Aber da war nur noch ein Rest vom Bürzel an der Schnur und am Boden ein Haufen Federn! Auch die Krähen fanden damals wohl nicht genug Futter und hatten sich alles Eßbare unseres Fasans unter die Klauen gerissen!

Ein abgehängter, gerupfter, ausgenommener Fasan wird mit Schweineschmalz unter häufigem Begießen wie ein Huhn gebraten, wenn er noch jung ist (das sieht man daran, ob sein Sporn nur im Ansatz vorhanden oder bereits zu einem spitzen Dorn ausgebildet ist). Hat man nun einen älteren Fasan, brät man ihn ½ Stunde und gart ihn vollends in kochendem Sauerkraut. Sauerkraut und Bratkartoffeln (oder Kartoffelstock) gehören nämlich dazu, aber die modische Ananas hat auch hier nichts zu suchen.

Rebhühner haben wenig Fleisch. Sie können mit gehacktem Schweinefleisch und Kräutern gefüllt werden, damit sie besser ausgeben. Beide Wildvögel schmecken am besten, wenn man sie sparsam nur mit Kräutern würzt.

Gemüse

Bei deren Zubereitung entfernen wir uns heute wohl am weitesten von den Rezepten unserer Altvorderen – glücklicherweise, muß man sagen! Denn die in Schweineschmalz und Mehlsoße zerkochten »Beilagen« haben bei uns keine Chance mehr. Hätten unsere Urgroßmütter gewußt, was wir jetzt über die Bedeutung des Grünzeugs für unsere Gesundheit wissen, und hätten sie unsere Möglichkeiten der Frischhaltung gehabt, wären ihre Gartenerzeugnisse auch besser behandelt worden. Manchen der alten Konservierungsmethoden trauere ich allerdings heute noch nach. Sie sind nicht fast überall verschwunden, weil sie nichts getaugt haben, sondern weil unsere Wohn- und Heizverhältnisse sie nicht mehr zulassen. Da war noch bei meinen Eltern der Kellerboden gestampfte Erde, und in einer Ecke gab's die »Miete« einen Haufen aus einem Gemisch von ¼ Gartenerde und ¾ Sand. Da drin waren die Gelberüben, Rahnen, Schwarzwurzeln und Sellerieknollen ganz und die Lauchstengel halb eingegraben. Und die waren noch frisch und schmeckten kräftig bis lang nach Weihnachten. Das Faß mit den eingesalzten Bohnen dagegen war mir immer schon ein Greuel, während die Sauerkrautstande schon das beste Kraut beinhaltete, das ich kenne. Die »Stande« mußte nur immer gewaltsam leergegessen werden, und schon aus diesem Grund sehnte man das Frühjahr herbei. Das war aber vergessen, wenn im Herbst das Filderkraut aus dem Württembergischen »importiert« wurde und das »Krautweib« mit seinem großen Hobel kam, es einzuschneiden. Das war eine richtige Staatsaktion, und mir fiel dabei zu, mit einer Wurzelbürste die »Wackes«, die großen weißen Rheinkiesel, zu schrubben, denn die brauchte man zum Beschweren des eingeschnittenen Krauts. Der durch Salzen gezogene Saft mußte schnell alles bedecken, damit eine

»saubere« Gärung im Faß anfangen konnte. Weiß- und Rotkraut, der Wirsing und die späten Kohlrabi wurden an den Strünken oberhalb der Miete aufgehängt, und an den Wurzeln mußte die Erde dranbleiben. Der Rosenkohl blieb im Beet stehen, denn vor dem ersten starken Frost wurde er nie geerntet – er schmeckt vorher nicht richtig!

Solch ein Keller war überhaupt eine Schatzkammer. Die Äpfel und Birnen lagen auf Hürden und wurden beständig untersucht, ob auch kein »Angesteckter« drunter sei, der Schaden anrichten könnte. Auf diese Weise bekam man allerdings nur in die Schule einen unversehrten Apfel mit: Daheim mußten die Ausgeschnittenen gegessen werden, und die Fülle der Apfelrezepte war sicher auch eine Folge der Lagerung. Zwei Kartoffelhurden gab es in unserem Keller: eine große für die »Mehligen« und eine kleine für die »Müüsle« (= Mäusle – so heißt die festkochende Sorte für Kartoffelsalat). Wenn die Erdäpfel so nach Weihnachten anfingen auszutreiben und sich mit immer längeren, fahlen Trieben ineinander verflochten, dann waren sie »alt« und richtig für Schupfnudeln und alle Kartoffelteige.

In großen grauen Steintöpfen mit blauen Schnörkeln waren Süß-saures, die Essiggürkle und die Wasserglaseier aufbewahrt. Und in einem besonderen Regal stand der Stolz der Hausfrau und ihre Augenweide: das selbst sterilisierte Obst und Gemüse und die vielen etikettierten Marmelade- und Geleegläser.

Aus dem Speicher holte man im Winter das in Büscheln getrocknet aufgehängte Suppengrün. In Leinensäckchen hingen dort auch die getrockneten Apfelringe, die »Büreschnitz« (getrocknete Birnenstücke) und Dörrzwetschgen, die Bohnenkerne und getrockneten Spargelschalen. Und ein Weidenkorb mit Nüssen stand da.

So, wie es zu meiner Kinderzeit im Keller und Speicher einer Schwarzwälder Stadtwohnung aussah, war es auf dem Land in größerem Maßstab und in allen anderen Haushaltungen auch, bis das Flugzeug, die Gefriertruhe und die Konservenindustrie die Vorratshaltung unnötig und die Konservierung einfacher machten. Dadurch sind uns zwar hochwertige Vitaminspender für die langen Wintermonate erreichbar geworden, und die Qualität der einheimischen Vorräte bleibt besser erhalten; aber anderes ging dadurch verloren: das ungedul-

dige Warten auf die ersten frischen Erdbeeren z. B. und der bewußte Genuß, wenn es die frischen Erbsen gab! Das Jahr war auch für den Stadtmenschen ohne Garten noch mit dem Rhythmus des Säens und Erntens verbunden. Der morgendliche Blick nach dem Wetter hatte viel mit der Aussicht auf Gaumenfreuden zu tun!!

Nach diesem Exkurs wollen wir aber an den Herd zurückkehren und ein paar alte Rezepte für die Gemüsezubereitung festhalten, die auch heute noch Gültigkeit haben. Und wie man die alteingesessenen Gemüsearten kocht, soll auch aufgeschrieben werden, soweit sie hier eine besondere Verwendung finden oder zu den Hochgenüssen zählen.

Spinat-Laubfrösche

Dazu braucht man große Spinatblätter, für 6 Personen 30 Stück. Man legt sie 2–3 Minuten in heißes, aber nicht kochendes Salzwasser: Sie sollen nur ihre Festigkeit verlieren. Dann breitet man sie flach nebeneinander aus und füllt sie mit je 1 EL *Farce* von 375 g gehacktem Schweinefleisch, 1–2 eingeweichten, ausgedrückten Weckle, je 1 EL gehacktem, gedämpftem Peterle und Zwiebel, 1–2 großen Eiern, Salz und Muskat. Die Blätter werden fest darüber zusammengeschlagen. In eine Deckelpfanne mit heißer Butter

setzt man die »Frösche« dicht nebeneinander und bestreut sie mit wenig Salz. So brät man sie im heißen Backofen. Wenn sie umgewendet sind, gießt man etwas Fleischbrühe zu. Je öfter man sie mit der Flüssigkeit aus der Pfanne begießt, desto schöner werden sie. Fühlen sie sich beim Einstechen mit einem Holzstäbchen durchweg fest an, sollte man sie schnell servieren. Man kann den eigenen *Jus* dazugeben oder Buttersoße, die mit dem *Blanchier*wasser abgelöscht wurde. Man braucht nur Salzkartoffeln dazu.

Mangold

ist ein sommerliches Blattgemüse mit breiten weißen Stielen. Er gedeiht auch noch auf den Schwarzwaldhöhen gut. Das Grüne der gewaschenen Blätter wird abgeschnitten und wie Spinat gemacht: durchgemahlen oder grob gehackt. Die Stiele teilt man in fingerlange und -breite Stücke und dämpft sie in wenig leichtem Salzwasser gar. Sie sehen dann glasig aus, dürfen aber nicht so weich werden, daß sie keinen Biß mehr haben. Aus 2 EL Butter und 2 EL Mehl macht man eine Schwitze und löscht sie mit dem Wasser, in dem die Stiele gedämpft wurden, ab. Wenn die Soße durchgekocht ist, rührt man sie mit 1 Eigelb ab und gibt die Stiele wieder hinein, bis sie heiß sind. Man kann, je nach Menge, beide Gemüse zu einem Schweinebraten geben. Die Stiele kann man ungekocht auch auf den nächsten Tag aufheben.

Spargeln

wachsen bei uns in den Vorbergen des Kaiserstuhls. Das Anbaugebiet ist nicht so groß wie das bekannte Schwetzinger. Da wir im Oberland alle »unsere« Spargeln selber essen, weil wir sie für die allerbesten halten, haben sie keine Chance, in entfernteren Gegenden berühmt zu werden! Wenn's irgend geht, begibt man sich während der Spargelzeit in ein renommiertes Spargelbeizle im Anbaugebiet. Da weiß man, daß pro Person ½ kg geschälte Spargeln, am gleichen Morgen gestochen, auf den Tisch kommen. Es gibt entweder braune Butter oder holländische Soße dazu, gute Kratzede, gekochten und rohen Schinken oder ein Schnitzel und knackigen Kopfsalat. Nicht, daß man das alles nicht auch daheim machen könnte! Aber die Spargelwochen (von Anfang Mai bis Mitte Juni) sind eine Festzeit; einmal wenigstens feiert man sie mittendrin und unter vielen fröhlichen Genießern. Man ißt auch da die Spargeln noch aus der Hand, obwohl die modernen Messer dem kostbaren Gemüse keinen Metallgeschmack mehr mitteilen.

Wenn wir aber ein Spargelessen daheim zelebrieren, müssen wir sorgfältig auf allerlei achten. Zuerst kauft man nur frisch gestochene, gleichmäßig dicke Spargeln ein. Die Köpfe sind bei uns weiß, im Elsaß oft blau-grünlich. Ist man gezwungen, die Spargeln 1 bis 2 Tage aufzubewahren, steckt man sie am besten ungeschält in Sand. Geht das nicht, wickelt man sie in ein feuchtes Tuch ein. Die Gefahr, daß sie bitter werden, besteht aber. Ganz wichtig ist auch, daß die Stangen richtig geschält werden. Da darf man nicht kniggerig, d. h. zu sparsam sein, zumal man die Schalen zu Suppe und als Würze weiterverwenden kann. 3–5 cm unter dem Kopf fängt man an zu schälen und zieht das Schälmesser bis zum Ende oder bis man merkt, daß der Spargel *holzig* ist. Dort schneidet man ihn ab. Zum Ende hin muß man immer dicker wegschälen, sonst hat man nachher beim Essen den Ärger mit den harten Fasern, die den Genuß sehr beeinträchtigen! Wenn man keinen Fisch- oder Spargeltopf mit herausnehmbarem Einsatz hat, ist es nützlich, die geschälten Spargeln portionenweise mit einem Baumwollfaden zu umwickeln. So sollen sie gleich in kochendes Salzwasser eingelegt werden. Geschälte Spargeln gehören nicht in kaltes Wasser: Sie verlieren dabei zu viel Aroma! Je nach Dicke brauchen sie 20–30 Minuten zum Garwerden. Wenn sie zu lange kochen, fällt der Kopf ab! Man kann ein paar Tropfen Zitrone in den Sud tun, wenn die Spargeln kalt gegessen werden, sie schmecken dann kräftiger. Ißt man sie heiß, macht sie ein kleines Stückchen Butter im Salzwasser zarter.

Schwarzwurzeln

nennt man manchmal »Winterspargeln«. Das kann aber nur daher kommen, daß man sie ebenfalls schälen muß, wenn auch von dem dicken Ende zum dünnen. Dabei tritt ein milchiger, gummiartiger Saft aus, der an Messer und Händen kleben bleibt. Mit warmem Wasser oder, zum Schluß, mit Waschbenzin geht er aber ab, ohne Spuren zu hinterlassen. Wegen dieses Saftes, der an der Luft schnell braun wird, legt man die geschälten und in kleinfingerlange Stücke geschnittenen Schwarzwurzeln in eine Schüssel mit Salzwasser, bis alle fertig vorbereitet sind. Dem Wasser gibt man außerdem so viel Mehl bei, daß es milchig aussieht. Dann dämpft man die Stücke wie Mangoldstiele gar und richtet sie in der gleichen weißen Soße an. Zu Kalbs- oder Schweinebraten, Schnitzel oder Koteletts mit Salzkartoffeln oder Kartoffelbrei ein sehr gutes Winteressen!

Schwarzwurzel-Auflauf

Die gargedämpften Schwarzwurzeln können auch in einer gut gebutterten Auflaufform mit einem Gemisch von Eiern, Rahm und Käse übergossen und als Auflauf im Ofen aufgezogen werden. Mit frischem Salat schmeckt das sehr apart. Braucht man noch Fleisch dazu, empfehle ich heißes Schäufele!

Wirsing

wird hier »Wörsching« ausgesprochen und in alten Kochbüchern auch so geschrieben. Jeder kennt ihn als durch den Wolf gedrehtes Mus in einer Mehlschwitze. Ganz neu schmeckt er auf diese Art: Man schneidet vom Kopf die harten äußeren Blätter ab und teilt ihn in 6–8 Teile. Bei jedem Schnitz entfernt man den Strunk so, daß die Blätter noch gut zusammenhalten. So werden sie in kochendes Salzwasser, dem etwas Butter beigegeben wurde, eingelegt und müssen so lange darin ziehen, bis der Rest des Strunks durchstochen werden kann. Dann nimmt man die Teile vorsichtig heraus und legt sie nebeneinander auf eine heiße Platte, die Strunkseite nach oben. In 100 g Butter läßt man eine große feingeschnittene Zwiebel braun rösten und überschmälzt damit die Wirsingstücke.

Ebenso gut wie schön ist der

Wirsingring

Man braucht eine glatte Reisringform dafür; aber auch in einer Springform kann man das Gericht herstellen: Man muß halt dann »Wirsingkuchen« dazu sagen! Man sucht sich 8–10 große Blätter aus, die zum Teil grün, zum Teil gelb sein sollten, und *blanchiert* sie in Salzwasser, bis sie gerade nur ihre Festigkeit verloren haben, und legt sie zum Abtropfen auf ein Sieb. 250 g Gelberüben werden in 2 cm lange dicke Stifte geschnitten und in etwas Butter weich gedämpft. Unterdessen hackt man eine Zwiebel und 1 EL Peterle fein und gibt sie zu 500 g gemischtem Hackfleisch. Dazu kommt noch 1 Ei, 1 EL Weckmehl, Salz und Pfeffer. Aus alledem knetet man einen Fleischteig. Die Form wird gut mit Butter ausgestrichen. Dann legt man die Wirsingblätter glatt hinein, so, daß die Mittelrippe auf dem Boden liegt und immer ein gelbes mit einem grünen Blatt abwechselt. Ein Teil der Blätter hängt auf beiden Seiten über den Rand des Rings. Die Hälfte der Fleischmasse wird nun vorsichtig auf den Wirsing gestrichen, darüber verteilt man die Gelberüben, darüber die andere Hälfte des Hackteigs. Zum Schluß schlägt man die überhängenden Blätter über alles. Bevor der Ring bei 200 Grad in den Backofen kommt, deckt man ihn mit Alufolie ab, damit er oben nicht zu dunkel wird. Nach 45 Minuten ist er gar und kann auf eine runde Platte gestürzt und mit Tomatensoße serviert werden, die mit 8–10 zerdrückten Wacholderbeeren und ½ KL Thymian durchgekocht wurde.

Rosenkohl

putzt man nur, wenn er gelbe Blättchen hat. Die kleinen Strünke schneidet man am Röschen glatt ab und macht in jeden kreuzweise zwei Schnitte, damit alles gleichzeitig weich wird. Ich dämpfe den Rosenkohl kurze Zeit in etwas Salzwasser und gare ihn in Fett mit braunen Zwiebeln fertig. Viele Leute bestäuben ihn mit Mehl und löschen mit Brühe ab, damit der Rosenkohl gebunden ist und ein Sößle hat – das ist wieder mal Geschmackssache. Als Beilage schmeckt dieses Gemüse am besten zu allem Schweinernen.

Rotkraut

Es lohnt die Mühe, es nicht konserviert zu verwenden! Der Kopf muß dann in 4–6 Teile zerschnitten werden, der Strunk wird wie beim Wirsing weggeschnitten. Dann hobelt man die Teile oder schneidet sie mit dem Messer in ganz feine Streifchen. In einer genügend großen irdenen Schüssel vermischt man das Kraut mit 1 KL Salz, 1–2 EL Weinessig und ½ KL Zucker. Mit einem Teller beschwert, läßt man es mindestens 2 Stunden durchziehen – es kann gut auch über Nacht stehenbleiben. In einer eisernen Kachel erhitzt man 1–2 EL Schweine- oder Gänseschmalz, gibt eine grobzerschnittene Zwiebel und einen säuerlichen, geschälten, in dünne Schnitze geteilten Apfel dazu. Darauf kommt das Kraut mitsamt der Brühe, die es gezogen hat, einem Lorbeerblatt und 2 Nelken. Wenn alles heiß ist, kann man umrühren und evtl. etwas warmes Wasser zugeben. So dünstet man das Kraut bei geschlossenem Deckel und nur so viel Hitze, daß es immer sanft köchelt. Es soll weich, aber nicht musig werden. Meistens ist es soweit, wenn die Apfelschnitze nicht mehr zu finden sind. Rotkraut paßt zu allem Schweinefleisch, zu Gans und zu Wild. Maroni oder Kartoffelbrei vertragen sich gut mit seinem süßlichen Geschmack.

Maroni

Wenn man nicht an den Südwesthängen zum Rheintal wohnt, wo die Maroni (Eßkastanien) reif werden und »Keschte« heißen, kann man sie getrost geschält und getrocknet kaufen. Für 6 Personen braucht man davon 500 g. Sie müssen aber am Tag zuvor in viel warmem Wasser eingeweicht werden! Mit einem spitzen Messer gehen am anderen Tag die Reste von der inneren braunen Schale leicht ab. Man sieht dann auch, »wo der Wurm drin ist«. Die Maroni dämpft man dann mit ½ l Fleischbrühe weich; sie dürfen nicht zerfallen. Man nimmt sie aus der Brühe und läßt sie abtropfen, bevor sie in einer eisernen Kasserolle glasiert werden. Dazu karamelisiert man 1 EL Zucker in 60 g Butter mittelbraun, schüttet die Kastanien dazu und bewegt sie darin noch 5–10 Minuten.

Sauerkraut

Im Ausland sind wir als permanente Sauerkrautesser verschrien. In Chicago hat man mir eine Straße gezeigt, in der viele ausgewanderte Deutsche wohnen und die »Avenue Sauerkraut« heißt. So oft essen wir's nun auch wieder nicht; wenn aber, dann gut!
Am besten ist, wie gesagt, das Kraut aus der Stande. Aber auch das in Dosen sterilisierte schmeckt gut. Man kauft es unter der vornehmen Bezeichnung »Weinkraut«. Das mit dem Wein ist schon recht; aber die modern gewordene Verbindung mit Ananas kommt mir wie eine Erfindung aus der Avenue Sauerkraut vor! In einem möglichst emaillierten Topf läßt man Schweineschmalz heiß werden und dünstet darin eine nicht so fein geschnittene Zwiebel glasig. Das Sauerkraut zupft man mit einer Gabel locker hinein, läßt aber eine Gabel voll rohes zurück. Dazwischen kommen dünne Apfelschnitzle, auch ein paar Wacholderbeeren und ein kleines Lorbeerblatt. Man überstreut alles mit wenig Salz und gießt, wenn das Kraut trocken ist, etwas Weißwein oder warmes Wasser dran. Der Deckel des Topfes muß gut schließen, sonst muß man immer wieder Flüssigkeit zugeben. Kommt man ohne Umrühren aus, wird das Kraut besser! Über den Grad des Weichseins kann man streiten. Wir mögen's nicht, wenn's matschig ist, und tun deshalb auch kein Mehl, auch nicht Kartoffelmehl, dran. Ist das Kraut nach ca. 1 Stunde gar, mische ich das zurückbehaltene rohe mit ¼ l Weißwein, am besten Riesling, darunter und lasse es nur noch heiß werden. Es muß hell und locker sein und sollte nicht in Brühe schwimmen. Sauerkraut schmeckt, auch aufgewärmt, zu *geselchtem* und gebratenem Schweinefleisch, zu Wildschwein, Fasan, allen Würsten und – was wäre eine Schlachtplatte ohne Sauerkraut?

Krautwickel

Einen großen Weißkrautkopf braucht man dazu, denn man kann rechnen, wie man will – alle Krautwickel, auch die, die man einfrieren wollte, sind immer aufgegessen! Ich mache sie so: In meinem größten Topf bringe ich 4 l Salzwasser zum Kochen und lege den gewaschenen Krautkopf hinein. Sobald sich ein Blatt löst, steche ich mit der Fleischgabel in den Strunk und schneide das Blatt ab usf., bis nur noch die kleinen, schrumpfligen inneren Blätter da sind. Für 6 Personen kaufe ich 750 g gemischtes Hackfleisch und mache einen Teig daraus wie für Fleischküchle, nur kommt statt dem Weckle das kleingehackte Innere des Krautkopfs angedämpft darunter. Die dicken Blattrippen schneide ich ein, lege auf jedes Blatt 1 EL Fleischteig und schlage zuerst die eingeschnittenen Blattstücke kreuzweise darüber, dann die Seiten, und nun rolle ich das Päckle über das übrige Blatt. Sind alle Wickel so vorbereitet, kommen sie in eine breite Deckelpfanne mit heißem Fett, dicht aneinander und so, daß die Seite mit den dicken Rippen drin oben ist. Sind die Wickel etwas angebraten, werden sie umgedreht, und so bleiben sie dann liegen. Wenn sie auf der 2. Seite auch schön braun sind, lösche ich mit ¼ l Wasser oder Brühe ab und schließe den Deckel. Die Wickel schmoren nun, bis die Fülle fest ist und die Unterseite weich. Dann kommen alle auf eine heiße Platte, der *Jus* wird zugegeben, und es gibt Buttersoße und Salzkartoffeln dazu.

Gefüllter Krautkopf

bringt Abwechslung in die Kohlzeit. Dafür putzt man einen ungefähr 1 kg schweren Weißkrautkopf (für 4 Personen) und läßt ihn 10 Minuten in siedendem Salzwasser angaren. Dann schneidet man oben ¼ des Kopfes ab und höhlt den großen Teil so aus, daß die äußeren Blätter noch gut zusammenhalten. Das ausgelöste und abgeschnittene Kraut hackt man klein und mischt es mit 200 g Hackfleisch, 50 g feingeschnittenem Räucherspeck, 1 gehackten Zwiebel, ½ eingeweichten und ausgedrückten Weckle, 1 Prise geriebenem Knoblauch, etwas abgeriebener Zitronenschale, Salz, Pfeffer, Kümmel und Paprika. Diese Masse wird hoch überstehend in den Krautkopf gefüllt und mit dünnen Scheiben von halbgeräuchertem Speck abgedeckt. Man kann den gefüllten Kopf mit Faden kreuzweise zusammenhalten. In einem Schmortopf ½ l Fleischbrühe erhitzen, den Krautkopf zugedeckt bei mittlerer Hitze 1–1½ Stunden darin schmoren lassen (vielleicht muß etwas Brühe nachgegossen werden) und mit einer Butter- oder Bechamelsoße servieren.

Kapuzinerklöße

werden am zartesten, wenn das Weißkraut noch frisch ist. Für 4 Personen hobelt man einen kleinen Krautkopf, kocht die Streifchen in wenig Salzwasser an, läßt sie abtropfen und wiegt dann 300 g Kraut ab. Diese Menge wird in 50 g Butter vollends gargedünstet und abgekühlt. Inzwischen übergießt man 125 g verzupftes Weißbrot mit ⅛ l kochender Milch und läßt es quellen. Mit 2 Eigelb, dem steifen Schnee von 1 Eiweiß, Salz, Pfeffer und Muskat wird die Brotmasse glatt verknetet und danach das Kraut samt Fett daruntergemischt. Wenn die ganze Masse richtig kalt ist, kann man daraus Klöße in der Größe eines halben Milchwecks formen. Die läßt man in siedendem Salzwasser ungefähr 10 Minuten garen und dann abtropfen. Auf einer heißen Platte werden die Klöße mit in Butter braun gerösteten Zwiebeln abgeschmälzt und zu Schweine- oder Rindsbraten gegeben.

Im Hochschwarzwald wächst alles Gemüse unter schwierigeren Bedingungen als unten im Tal. Das merkt man auch manchen Rezepten an, die von »oben« stammen: Da wird auch das noch zu schmackhaften Essen verarbeitet, was man in reicheren Gegenden ins Saufutter tut! Z. B. das Kraut, das im Garten nicht »gekopft« hat, also keinen ordentlichen festen Krautkopf fertigbrachte. Aus solchem macht man

Fetzenkraut oder verrissen Krut

Die Krautblätter werden zerrupft und die Rippen drangelassen. So kocht man sie in Salzwasser nicht allzu weich, nimmt sie heraus und läßt sie abtropfen. Mit viel ausgelassenem, würfeligem Speck und braun gerösteten Zwiebeln werden sie abgeschmälzt und zu Herdöpfelschnitzen gegessen.

Gelberüben mit Lauch

500 g Gelberüben werden abgebürstet und in Fleischbrühe gar gedämpft. 150 g geputzte Lauchstangen gibt man zu den Gelberüben, wenn diese halb gar sind. Kann man beide Gemüse gut durchstechen, nimmt man sie heraus. Die Gelberüben werden geschält (rundherum, nicht von oben nach unten!) und in fingerlange Stücke geschnitten, diese der Länge nach zweimal geteilt. Den Lauch schneidet man in 2 cm dicke Ringe. In eine flache gebutterte Form kommen zuerst die Gelberüben, darüber die Lauchringe. Die Brühe vom Dämpfen muß man evtl. auf ½ l ergänzen. Wenn sie abgekühlt ist, verquirlt man 2 EL sauren Rahm und 2–3 Eier darin, schmeckt ab und gießt das Gemisch über das Gemüse und läßt es im Ofen aufziehen, bis die Flüssigkeit gestockt ist. Beim Anrichten frischen Peterle drüberstreuen, Schweller dazu geben und Sonnenwirbele-Salat.

Erbsenkörble

sind einfach zuzubereiten und auch bei Kindern sehr beliebt. 300 g Lyonerwurst schneidet man mit der Haut in ½ cm dicke Scheiben. Die Haut muß dranbleiben! 300 g grüne Erbsen werden in Butter mit Peterle und Salz gargedünstet. Dann erhitzt man in einer großen Pfanne 1–2 EL Fett oder Öl und legt die Wurstrādle nebeneinander hinein. Sofort gehen ihre Ränder hoch, so daß kleine Schüssele entstehen. Ist ihr »Boden« braun und knusprig, füllt man die Erbsen hinein und setzt die Körble rund um einen hoch angerichteten Kartoffelstock. Grünen Salat dazu – fertig!

Gefüllte Tomaten

Paradies- und Liebesäpfel werden sie in alten Kochbüchern genannt. In Österreich heißen sie heute noch »Para-

deiser«, die Tomaten. Den heute bei uns üblichen Namen haben die Spanier samt der Pflanze aus Südamerika gebracht: Die Indianer nannten sie »Tumatl«.
Es ist auch noch nicht allzulange her, daß die Tomaten in unsere Gärten und Küchenzettel Einzug gehalten haben. Als sie im Herbst im Schwarzwald früh erfroren waren, sagte meine Nachbarin: »Es sin halt Herg'loffene; die halte nix aus!« Was besagt, daß die Tomaten immer noch als Einwanderer angesehen werden, auf die allerdings niemand mehr verzichten will. Wenn man Tomaten füllen möchte, muß man große, fleischige haben. Der obere »Deckel« wird abgeschnitten, die Tomate ausgehöhlt und mit Fleischküchleteig gefüllt. Dieser Teig kann nun recht südländisch mit Oregano, Salbei und Thymian kräftig gewürzt werden! Den Tomatendeckel setzt man wieder drauf, streicht ein Butterflöckle darüber und setzt die Tomaten nebeneinander in eine Deckelpfanne mit heißem Öl. Wir plazieren dazwischen immer noch einige ebenso vorgerichtete und gefüllte grüne Paprikaschoten wegen des Geschmacks und weil es so lustig aussieht. In die Zwischenräume fülle ich etwas sauren Rahm mit Reibkäse, Salz, Pfeffer, Rosmarin und Oregano. Wenn alles heiß ist, wird mit so viel Fleischbrühe abgelöscht, daß die Tomaten zu einem Drittel in der Flüssigkeit sitzen. Bei geschlossenem Deckel oder im Backofen werden sie dann geschmort, bis sich die Füllung fest anfühlt. Samt ihrer Soße werden sie auf einer heißen Platte angerichtet und Reis dazu gegeben.

Pilze

Ob sie ein Gemüse, eine Beilage oder »Fleisch« seien, war neulich die Frage. Die salomonische Antwort hieß: Es kommt darauf an, wie viele man hat. Pfifferling, Steinpilz, Maronenröhrling, Butterpilz, Wiesenchampignon, Reizker, Schirmpilz und wie die Eßbaren alle heißen: Man findet sie noch, mal mehr, mal weniger. Und ob man sie als Würze in die Bratensoße, als Beilage zu Wild oder als Ragout zu Nudeln oder Spätzle nimmt: Frisch sind sie am besten! Sie immer zur Hand zu haben, ist deshalb nicht möglich, es sei denn, man habe im Sommer einen Überfluß getrocknet oder sterilisiert. Für teures Geld sind sie natürlich auch in Konservendosen zu kaufen. Wenn man aber glaubt, jedes Fleischgericht würde mit Formosa-Champignons besser oder feiner, so hat das zumindest mit unserer heimischen Küche und unseren Geschmacksvorstellungen nichts zu tun!

Pfifferlinge

putzt man, indem alte, matschige Stellen abgeschnitten werden und das Stielende auch. Nur ganz große Exemplare werden der Länge nach geteilt. Dann wäscht man unter fließendem Wasser Moos und Tannennadeln ab. In einem möglichst emaillierten Topf dämpft man für ½ kg Pilze in 100 g Butter je 1 KL feingehackte Zwiebel und Peterle und gibt dann die Pilze dazu. Sie ziehen, mit etwas Salz bestreut, schnell »Wasser« und sollten so in ihrem eigenen Saft garschmoren. Wenn sie ohne viel Regen gewachsen und deshalb trockener sind, gibt man gleich etwas Fleischbrühe oder Bratenjus zu. Muß man die Menge »strecken«, d. h. ausgiebiger machen, kann man 1 KL Mehl darüberstreuen,

mit Fleischbrühe ablöschen und 1 EL sauren oder süßen Rahm darunterziehen.
Ein kleines »Jagdergebnis« kann man als Füllung in ein Omelett verwenden; schon ein paar Pilze machen eine Bratensoße interessanter.
So wie Pfifferlinge werden, ihrer Art und Größe gemäß zerkleinert, alle Pilze zubereitet. Nur von großen oder älteren Exemplaren der Röhrenpilze (Steinpilze, Maronenröhrlinge u. ä.) sollte man die Polster der Samenröhren unter dem Hut ablösen. Auch verschiedene Sorten durcheinander ergeben aparte Gerichte!

Schirmpilze (Parasol)

Davon schneidet man den Stiel zu zwei Dritteln weg und zieht die Haut, wo sie hart ist, dünn ab. Dann werden die ganzen Hüte, ähnlich wie Holderküchle, in Bierteig oder Pfannenkuchenteig getaucht und in genügend gutem Fett ausgebacken – das schmeckt fast wie ein Schnitzel!

In alten
Kochbüchern kann man lesen:

*»Wer nicht sicher ist,
ob er vielleicht doch einen giftigen
Pilz im Topf hat, der werfe
eine geschälte weiße Zwiebel dazu,
sobald die Pilze kochen.
Verfärbt diese sich schwarz,
muß man das ganze Gericht wegschütten.«*

Mir erscheint es allerdings sicherer,
in diesem Fall eine
Pilzberatungsstelle aufzusuchen,
bevor man mit der Zubereitung
beginnt!

Salate

Wir wissen es heute (und die »Alten« hatten ein Gespür dafür), wie nötig unser Organismus Ungekochtes, Vitamin- und Ballaststoffreiches für die Gesundheit braucht. Deshalb kommt in einem vernünftig ausgewogenen Küchenzettel fast jeden Tag mindestens ein Salat vor. Es gibt ganz einseitige Salatpflanzen; aus vielen Gemüsearten kann man rohe Salate machen, und wir hier mögen auch Salate aus gekochtem Gemüse – an Abwechslung fehlt es bestimmt nicht. Salat schmeckt aber fast in jedem Haus anders, und in ihre Salatsoßen lassen sich Köchinnen wie Köche nicht gern dreinreden. Da kommt's auf das Öl, den Essig, die Kräuter, den Familiengeschmack und die Fantasie an, und ich werde dem nachher nichts hinzufügen als ein paar Rezepte, die für uns Leute aus dem alemannischen Raum besonders wichtig sind und es schon seit Generationen waren. Eines ist allen Salaten hier gemeinsam: Zucker spielt dabei höchstens die Rolle eines unaufdringlichen Gewürzes, und der Rahm, der sonst so großzügig verwendet wird, hat am Salat auch kaum eine Chance – ob süß oder sauer! Auch Mayonnaise mögen wir nicht dran. Es kommt auch keine Hausfrau bei uns auf die Idee, zu einem guten Essen einen »Salatteller« geben zu müssen. Sie weiß nämlich recht genau, was ihr Gericht gut und geschmacklich passend ergänzt. Und weshalb sollte sie sich Mühe geben, einen Salat seiner Art gemäß fein anzumachen, wenn nachher alle Salatsoßen in einem Teller zusammenlaufen? Wenn es bei uns verschiedene Salate gibt, dann – um auswählen zu können. Und wenn mehrere gegessen werden, dann säuberlich getrennt! Die andere Möglichkeit ist der »gemischte Salat«, z. B. Kresse, Feldsalat oder Endivie im Kartoffelsalat waren schon immer beliebte Varianten. »Italienischen Salat« gab's als festliches Abendessen nach reichlichem Mittagessen und großer Kaffeeschlacht auch auf dem

Land. Wenn man jetzt auch Gurken, Tomaten, Paprika und grüne Salate mischt, dann macht man sie schon in der Schüssel mit einer entsprechenden Soße an. Und bei solchen Mischsalaten muß man aufpassen, daß man nicht der Farbigkeit zuliebe Sorten zusammentut, deren Geschmack nicht zueinander paßt: Es entstehen da manchmal Geschmacksverirrungen, bei denen einem die guten Zutaten leid tun.

Als Importe und Gewächshäuser noch Seltenheiten waren, konnte man sich im Hochschwarzwald den Kopfsalat meist erst leisten, wenn er im eigenen Garten reif zur Ernte war. Das konnte in kalten Jahren Anfang Juni sein! Entsprechend sehnsüchtig wurde darauf gewartet. Das machte sich in einem Schwarzwälder Landstädtchen ein Junggeselle für einen Spaß zunutze: Am Tag vor Fronleichnam kaufte er »im Tal« eine Steige Salatköpfe und schaffte sie ungesehen in sein Haus, das am Prozessionsweg lag. Sein Hausgarten war nicht hinter, sondern neben dem Haus, also an der Straße. Am frühen Morgen des Feiertags richtete er wie alljährlich vor seinem Anwesen den Altar für die Gebetsstation her; aber dann setzte er seine Salatköpfe auf das Beet im Garten, das der Straße am nächsten lag. In den Nachbargärten standen nur wenig entwickelte Setzlinge. Als dann die Prozession vor seinem Altar anhielt und man mit der Zeremonie wartete, bis auch die Frauen in feierlichem Schritt aufgerückt waren, da geschah, was das Schlitzohr sich ausgedacht hatte: Der Blick der ersten Frau fiel auf das Salatbeet, erstarrte und machte sie bewegungslos, die Köpfe der anderen folgten dem ihren, und dann ging wie ein Lauffeuer ein Geraune durch die Reihen: »Dieser Mensch hat schon Salat . . .« Aus war's mit der Andacht der Familienmütter für diese Prozession! Leider hat man nicht erfahren, ob der Verderber der weiblichen Frömmigkeit seinen Salatschatz nachher wenigstens verteilt hat!

Lattich

ist der erste Grüne aus dem Garten. Wer Kopfsalat selbst sät, muß die jungen Pflanzen immer wieder auslichten. Was man da herauszieht, wird gewaschen, die Wurzel abgeschnitten und die zarten Blättchen nur kurz in wenig Öl, Essig und Salz gewendet, bevor sie auf den Tisch kommen.

Feld- oder Ackersalat,

Sunnewirbele, Nüßli, Ritscherle, Rebkresse, Hasenöhrle usw., so verschieden heißt von Basel bis Lahr in jedem Gäu der beliebte letzte und erste Salat des Jahres. In den Reben ist er ein Unkraut, verschwindet aber leider, wo Kunstdünger eingebracht wird. Diese wilde Sorte ist aber besser als alle im Garten gezogenen! Jedoch unsere festen, dunkelgrünen Sunnewirbele, die man an nicht so kalten Tagen sogar unter der Schneedecke hervorholen kann, sind auch nicht zu verachten! Den aus den Sandkästen in den Treibhäusern dagegen halten wir für einen Notbehelf. Man wäscht den Feldsalat mit der Wurzel und schneidet sie und gelbe Blätter nur so ab, daß das Pflänzle beisammenbleibt. Eine Soße wird aus ⅔ Öl (in der Rheinebene Nußöl!) und ⅓ Weinessig, feingeschnittener Zwiebel, Salz und ein wenig Pfeffer gerührt, bis alles sich verbunden hat und trüb aussieht. Sie wird über den Salat gegossen und mit ihm vermischt. Sehr gut schmeckt, wenn man ein paar Walnüsse noch fein zerhackt über den fertigen Salat streut. »... derselbe ist ein gewöhnlicher Salat«, meint ein altes Basler Kochbuch, und findet, daß

Brunnenkresse

»einen sehr feinen Salat zu gebratenem Geflügel« gibt. Die Kresse findet man vom Herbst bis ins Frühe Frühjahr an kleinen Bächen. Später ist sie unangenehm bitter. Die dicken Stiele schneidet man ab, die Soße ist wie für Feldsalat, nur ohne den Nußgeschmack.

Rettichsalat

Das ganze Jahr über gibt es Rettiche verschiedener Art. Die etwas scharfen Winterrettiche muß man abschaben. Ich hoble sie dann in feine Stifte in eine Schüssel mit etwas Milch. Dadurch werden sie milder. An den gehobelten Rettich kommt Salz, Essig und Öl, die Milch bleibt dran. Oder man läßt Speckwürfele aus und mischt sie samt dem ausgetretenen Fett heiß unter die eingesalzenen und leicht ausgedrückten Rettichstifte.

Bohnensalat

ist zuerst mal der Salat aus grünen, abgekochten Bohnenschoten. Sie werden 2mal der Länge nach durchgeschnitten, damit sie nicht so lange kochen müssen, bis sie gerade weich sind.
Das Längsschneiden geht mit flachen Bohnen besser als mit runden. Unsere Großmütter hatten dafür ein »Maschinle«, das heute immer noch die beste Hilfe ist, wenn man viel Bohnensalat zu machen hat oder Salatbohnen sterilisieren will. Werfe also niemand das kleine gußeiserne Mühlchen weg, wenn es irgendwo auftaucht! Mit Bohnenkraut, Zwiebeln, Salz, Pfeffer, Essig und Öl wird der Salat 1 Stunde vor dem Essen angemacht, solange die Bohnen noch warm sind.
Das »Bohnensalätle« ist aus weißen Bohnenkernen. Die Verkleinerungsform heißt nicht nur, daß man keine großen Schüsseln voll davon macht; sie ist sozusagen ein Kosename, denn so manche stille Liebe gehört dem »Salätle« (und so manches schlechte Gewissen, denn die Ärzte verbieten einigen Patienten den deftigen Genuß). Man ißt dieses Salätle aus weißen oder bunten Kernen der reifen Bohnen zum Vesper, zu geräucherter Wurst oder »nur grad so«. Die eingeweichten, gekochten Bohnen dürfen nicht zerfallen, wenn sie weich sind. Viel Zwiebeln, feingeschnittenes Bohnenkraut, Öl, Salz und Pfeffer und ein bißle Zeit zum Durchziehen brauchen sie – das ist alles.

Löwenzahn

ist der wilde Chicorée! Man sollte ihn aus den Wiesen stechen, solange die Blätter noch im Boden und gelb sind. Im März sieht man besonders im Elsaß viele Leute Löwenzahn stechen – bei uns wußten eine Zeitlang nur Eingeweihte, welche gesunde Delikatesse uns da wie im Schlaraffenland fast ins Haus wächst! Jetzt sieht man auf dem Markt schon kultivierten Löwenzahn. Man macht ihn wie die obigen Salate an oder mit in Öl knusprig gebratenen heißen Speckwürfeln.

Sauerkrautsalat

Wenn das frisch eingeschnittene »neue« Sauerkraut verkauft wird, gibt es einen sehr guten Salat daraus: 500 g Kraut vermischt man mit ½ Glas Weißwein und ½ EL Öl und, wenn nötig, mit etwas Salz und läßt es stehen, bis man 100 g durchwachsenen Speck in kleine Würfel geschnitten und in etwas Wasser *ausgelassen* hat. Ist der Speck knusprig, übergießt man das Sauerkraut mit dem heißen Fett und den Speckwürfeln und mischt den Salat schnell noch einmal durch. Die Speckwürfel sollten auf dem Tisch noch knusprig und der Salat lauwarm sein.

Rotrüben-, Rahnen- oder Randensalat

Auf dem Freiburger Markt kann man jetzt sogar gekochte Rahnen kaufen! Aber es ist wirklich keine Sache, sie selber zu kochen. Man darf nur die Wurzelspitze und das Kraut nicht abschneiden, sonst »bluten« sie aus. Das Kraut dreht man 3 cm über der Rübe ab, die Wurzel bleibt zum Kochen dran. In Salzwasser mit einem Schuß Essig drin kocht man die Rahnen weich. Junge, kleinere brauchen etwa 1 Stunde, große bis zu 1½ Stunden. Wenn sich die äußere Haut leicht abziehen läßt, sind sie soweit. Ganz kurz mit kaltem Wasser abgeschreckt, lassen sie sich besser schälen. Dann schneidet oder hobelt man sie in ¼ cm dicke Scheiben, dazwischen kommen dünne Zwiebelscheiben, 1 Lorbeerblatt, 1 Nelke und einige Pfeffer- und Korianderkörner. Die Salatsoße besteht aus ⅔ Öl, ⅓ Essig, Salz und 1 Prise Zukker. Sie wird über die Rahnen geschüttet. Erst nach einer Weile dreht man alles vorsichtig um, damit die Blättle möglichst wenig zerfallen. Bis zum Essen deckt man die Rahnenschüssel zu.

Italienischer Salat

Er macht ein wenig Arbeit und braucht vielerlei Zutaten, aber er muß auch länger durchziehen und kann deshalb vorher gemacht werden. Für 6 Personen muß man richten: ½ kg gekochte, geschälte und in ¾ cm große Würfel geschnittene Kartoffeln, 125 g rohe Äpfel, ebenso geschnitten, 125 g Kalbsbraten oder gekochte Zunge oder gekochten Schinken in Würfele, 4 *gewässerte* Heringsfilets in Würfele, 3 EL Essig, ½ Zwiebel, feingeschnitten, Salz, Pfeffer, 1 Prise Zucker, ¼ l Fleischbrühe, 3 EL Öl. Das alles wird vorsichtig, aber gründlich vermischt. Nach einigen Stunden richtet man den Salat bergig an und belegt die ganze Oberfläche mit Scheiben von 2 hartgekochten Eiern und von 125 g gekochten Rahnen, Streifen von 50 g Essiggürkle, 50 g gewässerten Sardellen und 1 EL Kapern. Das muß sehr ordentlich gemacht werden, aber der künstlerischen Gestaltung mache ich keine Vorschriften! Bloß fehlen darf des Geschmacks wegen nichts davon.

Soßen

Man geht heute damit sparsamer um als früher. Der schlanken Linie zuliebe ganz darauf zu verzichten, wäre aber sehr schade – man erkennt den guten Koch immer noch an der Qualität seiner Soßen, und sie runden einfach viele Gerichte erst richtig ab. Zudem sind längst nicht alle schlimme Kalorienbomben.
In Süddeutschland sind Soßen im allgemeinen wichtiger als im Norden. Und das kann schon dazu beitragen, daß wir hier im Durchschnitt nicht so schlank und rank sind wie wir gern wollten und wohl auch sollten! Aber wir haben's hier ja mit den guten alten Essen zu tun und nicht mit Diätvorschlägen. Auf »bappige« Mehlsoßen verzichten wir ohnehin freiwillig. Und es ist gut, wenn man sich an die Soßengrundregel hält, die sagt: Zuviel Flüssigkeit soll man eindicken (durch Weiterkochen bei offenem Deckel verdampfen lassen) anstatt sie anzudicken (indem man sie mit mehr Mehl bindet).

Bevor man sich mit Soßen einläßt, muß man wissen, wie eine weiße Grund- oder Buttersoße geht.

Weiße Grund- oder Buttersoße

Man braucht dazu 50 g Butter, 60 g Mehl, ¾ l Brühe, Salz und 1 Eigelb. In die kochende Butter rührt man das Mehl ein, bis es sich glatt verbunden hat. Dann löscht man mit Brühe ab: zuerst nur soviel, daß es einen dicken, glatten Brei gibt und wieder kocht, dann wieder etwas Brühe auf diese Weise und so fort, bis alle Brühe drin ist. Nun nimmt man 2 EL von der Soße weg und rührt in einer Tasse das Eigelb darin glatt. Dieses Gemisch gibt man der Soße bei, wenn sie gut durchgekocht ist. Sie darf dann nicht mehr kochen, sonst gerinnt das Eigelb und wird flockig.

Rahm- oder Béchamelsoße

fängt an wie oben, nur löscht man mit Milch ab und füllt mit süßem Rahm auf.

Grüne Soße

kann aus Butter- wie Rahmsoße gemacht werden. Viel feingeschnittener Schnittlauch oder Sauerampfer oder Dill – aber nicht alles zusammen! – wird der fertigen Soße beigemischt.

Tomatensoße vom Zirmerhof

braucht wieder eine Menge verschiedener Zutaten, schmeckt aber auch danach! Zuerst richtet man 150 g Hackfleisch, 75 g feingeschnittenen Speck, 2 Gelberüben, 1 Schnitz Sellerie, 1 Zwiebel, 1 Knoblauchzehe, alles fein verwiegt, und ½ l Fleischbrühe. In 2 EL Öl wird das alles gut abgeröstet, mit Brühe abgelöscht und aufgefüllt. Dann rührt man 150 g dickes Tomatenpüree ein und läßt alles auf kleiner Flamme zugedeckt gut 1 Stunde köcheln. Manchmal muß man rühren. Mit ⅛ l Weißwein und je 1 KL feingeschnittenem Peterle und Basilikum schmeckt man kurz vor dem Anrichten ab. Zu Grießklößen oder Spaghetti läßt einen diese Soße ein Fleischgericht völlig vergessen.

Senfsoße

macht man aus Buttersoße. 2 EL Senf werden in 2 EL Weißwein glatt verrührt und in die fertige Soße gegeben. Mit 1 EL Kapern kann man sie noch verfeinern.

Großmuttis Spargelsoße

schlägt man im Wasserbad, und ihr Rezept ist für 2–3 Personen berechnet. Von einem ganzen Ei, 1 EL Mehl, nußgroß Butter, 3 EL saurem Rahm und dem Saft einer halben Zitrone macht man ein glattes Gemisch. Von einer großen Tasse voll Spargelsud gibt man noch etwas dazu, sobald der nicht mehr heiß ist. Diese Masse schlägt man nun fortwährend im Wasserbad und gibt nach und nach den Rest des Spargelsuds aus der Tasse dazu, bis alles zu kochen anfängt.

Grüne Soße, kalt

4 Dotter hartgekochter Eier durchpassieren. 4 EL Öl, 1 EL Weinessig, 1 KL Senf, Salz und 1 EL Zitronensaft dazugeben und glattrühren. Mit Worchestersauce abschmecken. Dann je 1 EL gehackte Petersilie, Zitronenmelisse, Essiggürkle, Kapern und je 1 KL gehackte Sellerieblätter und Basilikum, 1 Prise Minze und Boretsch daruntermischen. Vor dem Servieren alles noch einmal gut vermengen!

Vinaigrette

ist eine kalt gerührte Soße zu grünen Salaten, kaltem Braten, gekochten Artischocken und vielem mehr. Für 6 Personen nimmt man $\frac{2}{10}$ l Öl, $\frac{1}{10}$ l Essig (oder etwas weniger Zitronensaft), 2 EL Schnittlauch (oder Peterle), 1–2 EL feingeschnittene Zwiebel, 1–2 EL Kapern (oder Essiggürkle), Salz und Pfeffer sowie 1 KL Senf. Alles in einer irdenen Schüssel mit einer Gabel fein zerdrücken und tüchtig rühren. Wenn man es mag, kann noch 1 kleingehacktes hartes Ei zugegeben werden.

Kalte Ölsoße

schmeckt zu Fisch und Fondue Bourguignonne besonders apart. 3 Zitronen werden so sorgfältig von der äußeren und inneren (weißen) Schale befreit, daß die Frucht nicht verletzt wird und aber auch gar keine Schale mehr dran ist. Mit einem sehr scharfen Messer schneidet man sie in sehr dünne Scheiben und legt sie in in eine Schüssel. Sie werden mit Pfeffer, Salz, 1 EL gehacktem Peterle und 1 EL gehacktem Estragon bestreut sowie mit 4–5 EL Öl und 1 EL Essig begossen. Sorgfältig durchmischen, bevor die Soße serviert wird!

Holländische Soße

gibt's oft zu Spargeln und Fisch. Sie gehört zu den »abgeschlagenen« Soßen. Das sind die, in die man viel Luft hineinschlagen muß und die leicht wieder zusammenfallen, wenn sie nicht gleich auf den Tisch kommen können! Wenn bei einem Essen mit einer solchen Soße Reden geschwungen werden, ohne daß man das in der Küche weiß, entstehen solche Unglückspausen. Man melde also seine Laudatio an! Aber die Herstellung der *Holländischen*

ist an sich kein Hexenwerk; es ist nur sehr nützlich, wenn man sich alles vorrichtet, was man dazu braucht, damit man nicht mittendrin davonlaufen muß. Also bereitet man für 6 Personen vor: zunächst das *Wasserbad*, in dem die Soße zum Kochen gebracht wird. Das bedeutet einen Topf mit so viel heißem Wasser, daß das Soßengeschirr darin Platz hat und beim Kochen kein Wasser hineinsprudeln kann. Nun rührt man in dem inneren Topf 1 ½ EL Mehl mit 3 EL Wasser glatt, gibt 1 EL Essig, 1 EL Zitronensaft, 5 Eigelb, ½ KL Salz, ½ l Brühe (zu Fisch: Fischsud) zu. Unter fleißigem *Schlagen* läßt man im Wasserbad nun das Ganze zum Kochen kommen und schneidet dazwischen nacheinander Flöckchen von 90 g Butter hinein. Sobald die Soße zu kochen anfängt, soll sie sofort auf den Tisch gebracht werden. Sollte nun das Eigelb doch mal gerinnen, kann man die Soße retten, indem man 1–2 EL kaltes Wasser darunterschlägt. Gegen eine zusammengefallene, glitschige, weiß ich aber kein Mittel!

Meerrettichsoße

ist beim »Badischen Ochsenfleisch« beschrieben, weil man sie fast ausschließlich dazu braucht.

Nachtisch

Das gibt kein sehr großes Kapitel: Die alten Rezepte geben da nicht viel her, was der heutige Schreibtischmensch nach einem Essen noch verkraften könnte! Die unter dieser Überschrift versammelten Speisen stellen für uns bereits »süße Mittagessen« dar! Und all die Crèmes, Charlotten, Crêpes Susette usw. haben erst spät über Frankreich Einzug bei uns gehalten; Gefrorenes, vor allem die Sorbets, sollen sogar aus arabischen Ländern gekommen sein. Und außerdem trinkt man hierzulande gern und lange Wein zu jedem Essen, und die süßen Sachen vertragen sich mit seinem Geschmack nicht gerade gut. Da muß ein Essen schon eher mit Käse abgeschlossen werden. und auch das ist nicht gerade »auf unserem Mist« gewachsen, obwohl sich dieses Dessert längst größter Beliebtheit erfreut. Zum »Täßle Kaffee«, das man mit kleinem Abstand schon immer nach dem Essen zelebrierte, gab's allerdings gern ein Stück süße Waije (oder Wähe), einen Obstkuchen auf ganz dünnem Teig und ohne jegliche »Aufmachung«, aber von sehr gutem Geschmack. Die Herren tranken lieber einen Kirsch zum Kaffee – aber beileibe nicht drin! Wer keinen Kaffee mag, zieht da einen klaren »Hefe« vor; das ist der Brand aus den Trebern vom Wein. »Trink en Hefe, der verrißt's«, rät man, wenn einer zuviel gegessen hat. Ein Festessen allerdings schließt im Markgräflerland mit auch heute noch schöner Zuverlässigkeit ab mit einem Chaudeau.

Chaudeau

Das ist eine Weincrème, die man am besten in einer von Großmutters Messingpfannen macht. Ein gut glasierter Topf tut's aber auch. Darin mischt man knapp ½ l herben, trockenen Weißwein, ¼ l Wasser, 6 ganze Eier, 100 g Zukker, 1 Schnapsgläsle Kirsch und die dünn abgeschnittene Schale von ½ Zitrone. Auf schwacher Hitze bringt man das alles unter beständigem Schlagen mit dem Schneebesen bis kurz vor's Kochen. Die Zitronenschale wird schnell herausgefischt und die Crème sofort heiß mit Löffelbisquits aufgetragen. Die Masse ergibt, wenn man fleißig geschlagen hat, eine mittlere Schüssel voll heller Schaumsoße. Bleibt sie zu lange auf dem Feuer oder schlägt man sie nicht brav, vergeht der Schaum und man hat nur ein kleines Quantum unansehnlicher geronnener Brühe!

Weinsoße

ist etwas anspruchsloser. Meine Mutter hat sie zu Dampfnudeln so gemacht: ½ l Wein und ½ l Wasser werden mit 1 Eigelb und 5 EL Zucker vermischt und unter Schlagen wie oben zum Kochen gebracht. Das Eiweiß wird zu *steifem Schnee* geschlagen und unter die fertige, abgekühlte Soße gezogen. Hat man mehr Eiweiß, kann man auf die in einer ofenfesten Schüssel angerichtete Crème noch Eiweißhäufchen setzen, die so steif sein müssen, daß beim Aufsetzen eine Spitze entsteht. So kommt die Schüssel bei Oberhitze in den Backofen, bis die besagten Spitzen braun sind. Falls man sie gesüßt mag, kann dem Eiweiß 1 EL Zucker mitgeschlagen werden; es gibt dann eine Merinkenmasse.

Heiße Hagebuttensoße

ist eine aparte Zugabe zu Vanillepudding und vielleicht der Vorläufer der vielen heißen Fruchtsoßen, die man jetzt so oft zu Eis macht. Die genauen Mengen der Zutaten überlassen das Markgräfler Kochbuch und meine Erfahrung dem persönlichen Geschmack beim Ausprobieren! Also: Hagebuttenmark wird mit Weißwein zur Soße verdünnt (man kann auch Milch oder Rahm nehmen) und mit Zukker einmal aufgekocht. Man kann Hagebuttensoße kalt oder warm servieren.

Heiße Amelbeeri

(oder Weichseln oder Schattenmorellen)

Diese Kirschensorte wächst am Kaiserstuhl nur noch selten wild (oder verwildert?) und ist den meisten Leuten roh zu sauer. Einmal kam ich aber am Haus von Bekannten vorbei, wo man die Kirschen gerade zum Einmachen vorbereitete. Da wurde mir ein Teller Kristallzucker vorgesetzt, in den hatte ich die frisch gewaschenen, noch nicht entstielten Früchte einzutauchen und so zu essen – einfach wunderbar schmeckte das! Man kann für die Soße auch sterilisierte, entsteinte Amelbeeri nehmen. Sie werden in ihrem Saft (für frische muß man etwas Wasser drantun) auf kleiner Flamme erhitzt. 1–2 EL Saft behält man zurück, rührt ½ KL Stärkemehl darin glatt und vermengt es sorgfältig mit dem Saft der Kirschen, läßt alles nochmal zum Kochen kommen und gibt dazu noch etwas Zucker; er braucht nicht ganz aufgelöst zu sein, wenn man die heiße Soße zu Vanillepudding oder -eis serviert. Diese Soße kann man auch *flambieren.* Zu Kirschen nimmt man dazu am besten Kirschwasser, wenn man es mindestens 40%ig hat. Der Alkohol verbrennt dabei fast vollständig und hinterläßt eine ausgezeichnete Geschmackssteigerung. Man schüttet 1 Gläsle Kirsch oder Rum über die heiße Soße und zündet ihn an; ist der Alkoholgehalt nicht hoch genug, verbrennt er nicht und die ganze Soße schmeckt nur nach Schnaps.

Apfelschnee

Von 1 kg mürben Äpfeln reibt man mit dem Reibeisen die Schale ab und sticht das Kernhaus heraus. So setzt man sie auf ein Backblech und läßt sie im Backofen weich braten. 2 Eiweiß werden zu Schnee geschlagen. Die weichen Äpfel treibt man durch ein Sieb und läßt sie abkühlen. Dann mischt man den steifen Schnee, 100 g Zucker und 1 Prise Vanillezucker samt 2 EL Kirschwasser oder 1 EL Arrak darunter und rührt alles ½ Stunde. Man richtet den Apfelschnee in weiten Gläsern (Sektschalen z. B.) an und setzt auf jede Portion eine frische Brombeere.

Schneeballen

Dazu muß man sich richten: 4 Eier, 1¼ l Vollmilch, ¼ Stange Vanille, 80 g und 60 g mit Vanille gewürzten Zucker, 1 gestrichenen KL Stärkemehl. Die Milch läßt man mit der längs durchgeschnittenen Vanilleschote unter Schlagen zum Kochen kommen. Vom Eiweiß schlägt man steifen Schnee und *zieht* vorsichtig die 80 g Zucker *darunter*. Aus dieser Masse formt man mit 2 Löffeln längliche Klöße und legt sie gleich in die kochende Milch. Diese Schneeballen läßt man zugedeckt je eine Minute auf beiden Seiten in der Milch mehr ziehen als kochen. Dann nimmt man sie heraus und legt sie zum Erkalten auf ein Sieb. Nun verrührt man die Eigelb mit den 60 g Zucker und dem Stärkemehl, gibt die inzwischen abgekühlte Milch dazu und schlägt diese Masse auf dem Feuer, bis sie zu kochen anfängt. Ist sie etwas abgekühlt, füllt man die Crème in eine Glasschüssel (silbernen Löffel einlegen, wenn man Angst hat, daß die Schüssel springen könnte!). Die Schneeballen legt man nebeneinander auf die Crème.

Heiße Himbeeren

Dazu braucht man feste, große, frische Früchte. Sie dürfen, mit Zucker aufgesetzt, nicht gerührt werden und absolut gar nicht kochen.

Caramelcrème

Man schreibt sie ohne »h«! Im Kaiserstuhl waren wir aber mal in großer Runde eingeladen, und da gab's *Karamehl*krem, vom Hausherrn selbst gemacht. Wir aßen sie mit ziemlicher Todesverachtung. Aber eine Bäuerin neben mir schob nach dem ersten Löffel den Teller weit weg und sagte: »Es dunkt mi guet, aber i bin's nit g'wohnt.« Nach Großmutters Rezept hätte die Bäuerin den Teller wohl leer gegessen!

Hier ist es: 2 EL Mondamin werden mit 6 Eigelb und einem Teil von 1 l Milch glattgerührt, die übrige Milch und ein Stückchen Vanille dazugetan. Die 6 Eiweiß schlägt man zu steifem Schnee. Dann werden in einer Messingpfanne unter ständigem Rühren 250 g Zucker mittelbraun gebrannt, nicht dunkler werden lassen! Jetzt gießt man langsam die kalte Eiermilch dran. Der karamelisierte Zukker wird dabei ganz hart. Trotzdem muß fortwährend gerührt werden, denn er muß sich wieder aufgelöst haben, bis die Crème zu kochen anfangen will und dicklich wird: also keine zu starke Hitze, bis man Erfahrung damit hat! Vor dem Kochen nimmt man die Crème vom Feuer und schlägt sie noch weiter, bis sie abgekühlt ist. Dann wird der Eierschnee (es kann auch geschlagener süßer Rahm sein) druntergezogen und die fertige Crème kaltgestellt.

Zitronencrème

4 Eigelb werden mit 100–120 g Zucker schaumig gerührt, die *abgeriebene Schale* einer, der Saft von 2 Zitronen dazugegeben, ⅓ l Weißwein (für Kinder ⅓ l Milch!) mit 3 KL Stärkemehl glatt verrührt und dazugegeben. Alles schlägt man bis zum Kochen. Sobald die Crème dick wird, nimmt man sie vom Feuer und schlägt sie weiter, bis sie etwas abgekühlt ist. Dann kann man entweder den steifen Schnee

von den 4 Eiweiß oder Schlagrahm (¼ l) darunterziehen. Kühl servieren.

Apfelkompott

Dieses Rezept soll schon in Martin Luthers Haushalt üblich gewesen sein. Die Zutaten lassen vermuten, daß es zumindest möglich war: 1 kg mürbe Äpfel werden geschält, in Schnitze geschnitten, das Kernhaus entfernt und jeder Schnitz halbiert. In ½ l Weißwein und 250 g Honig werden sie weichgekocht, so, daß sie gerade noch nicht zerfallen. Ich weiß nicht, ob es während des 30jährigen Kriegs in Deutschland Zitronen und Korinthen gegeben hat. Im Rezept kommen sie jedenfalls nicht vor. Aber ich finde das Kompott noch besser, wenn man die dünn abgeschnittene Schale einer Zitrone und eine Handvoll gewaschener Korinthen mitkocht. Zimt paßt da aber gar nicht hinein.

Rhabarber-Erdbeer-Kompott

500 g Rhabarberstiele werden abgezogen und gewaschen. Dann teilt man sie der Länge nach zweimal, dicke noch einmal. Die Teile werden in möglichst feine Scheibchen geschnitten, gut eingezuckert und in einer irdenen Schüssel mehrere Stunden zugedeckt ins Kühle gestellt. Vor dem Anrichten mischt man 500 g kleine, feste Erdbeeren darunter. Da der Rhabarber das erste frische »Obst« ist, kann man es auf diese Weise ungekocht auf den Tisch bringen, ohne daß einem seine Säure »die Löcher in den Strümpfen zusammenzieht«!

Vanillesoße

½ l Milch, von der man 3 EL voll in eine Tasse abgezweigt hat, wird mit 1 KL Butter, 1 längs aufgeschnittenen ganzen Vanilleschote, 2–3 EL Zucker und 1 Prise Salz zum Kochen gebracht. Inzwischen rührt man in der Tasse 1½ bis 2 EL Maismehl und 1 bis 2 Eigelb mit der kalten Milch glatt und schüttet das Ganze unter ständigem Rühren in die kochende Milch. Es muß unentwegt weitergerührt werden, bis alles wieder kocht und dick zu werden beginnt. Dann nimmt man die Soße vom Feuer und rührt noch weiter, bis sie etwas abgekühlt ist. Die Vanilleschote fischt man jetzt heraus. Nun füllt man die Soße in ein Kännchen. Will man vermeiden, daß sich beim Kaltwerden eine feste Haut bildet, muß man entweder rühren, bis die Soße ganz kalt ist oder sie fest mit einem Deckel verschließen.
Mit der kleineren Menge von Ei und Stärkemehl wird die Soße flüssiger und wird für Mehlspeisen verwendet. Als selbständige Süßspeise macht man sie dicker und kann den gezuckerten Schnee der Eier nach dem Abkühlen noch drunterziehen.

Rhabarber mit Feigen

Hier wird der Rhabarber gröber geschnitten und zusammen mit der gleichen Menge eingeweichter, in Scheiben geschnittener Feigen gekocht. Zucker ist meist nicht nötig. Dieses Kompott schmeckt auch gut zu Grießklößen!

Kompotte

werden mit Zucker, je nach dem eigenen Saftgehalt mit Wasser und mit Gewürzen wie Zimt, Nelken, Zitrone usw. gekocht, bis die Früchte weich sind. Beeren haben viel Saft und sollten möglichst nicht gerührt werden. Zimt, wenn er mitgekocht wird, nimmt man ungemahlen, als Stange.

Apfelcharlotte

soll für die vielen Charlotten stehen, die der Fantasie reichen Spielraum lassen! Man braucht für diese 1½ kg Äpfel,

60 g Butter, 100 g Zucker, ½ Stück Zimt, 2 EL Aprikosenmarmelade, ¼ l Weißwein, ¼ l Wasser, 3 EL Kirschwasser, 1 Toastbrot in Scheiben, noch 150 g Butter und 100 g Zukker. Säuerliche Äpfel werden geschält und in feine Blättle gehobelt. Mit 60 g Butter, 100 g Zucker, Zimt, Marmelade, Wein und Wasser werden sie glasig gedämpft. Von den Tostbrotscheiben schneidet man die braune Rinde dünn ab. Die 150 g Butter werden zerlassen und mit den 100 g Zucker vermischt. Jede Brotscheibe taucht man mit einer Seite in dieses Gemisch und legt Boden und Rand einer Auflaufform so damit aus, daß die »Butterseite« an dem Geschirr aufliegt. Dann füllt man die Apfelmasse hinein und gießt das Kirschwasser drüber. Obendrauf kommen wieder Brotscheiben, diesmal mit der gebutterten Seite nach oben. So bäckt man die Charlotte in mittlerer Hitze ungefähr eine Stunde. Dann kann man sie *gestürzt* auftragen und kalte Vanillesoße dazu geben.

Vanille-Eis

Man rührt 6 Eier mit 250 g Zucker schaumig. ½ l Milch und ½ l Rahm kocht man mit 1½ Schoten längs durchgeschnittener Vanille auf. Die heiße Milch wird nach und nach unter starkem Schlagen in das Eiergemisch eingerührt, und alles zusammen noch bis kurz vor dem Kochpunkt auf dem Feuer weitergeschlagen. Wenn die Masse ausgekühlt ist, kann sie in einem kältefesten Behälter im Tiefkühlfach gefroren werden. So macht man auch Schokoladeeis, aber anstatt Vanille mit ½ Tasse Kakao; Kaffee- oder Tee-Eis mit einer Tasse sehr konzentriert aufgebrühtem Getränk und entsprechend weniger Milch.

Rahmeis

Ein sehr gutes Eis gibt's auch nach folgendem Rezept: ¼ l geschlagenen Rahm, 3 Eigelb, 75 g Zucker und die ausgekratzten Samen aus einer aufgeschnittenen Vanilleschote werden vermengt und tüchtig gerührt (wer eine Eismaschine hat, ist in der halben Zeit damit fertig!). Dann kann man die Masse in eine Eisschale füllen und im Tiefkühlfach einfrieren. Schokolade oder Erdbeermus ergibt gute Varianten!

Erdbeer-Eis

Bevor bei uns die beliebten und bekömmlichen Sorbets bekannt wurden, machte man Fruchteis so: ¼ l Weißwein, ½ l Wasser, 2 EL Himbeersirup und 250 g Zucker werden zusammen aufgekocht. 500 g Erdbeeren zerquetscht man in einer irdenen Schüssel (Metall teilt seinen Geschmack leicht dem Aroma der Früchte mit!) und rührt sie glatt. Mit der abgekühlten Flüssigkeit vermengt man das Mus gründlich und friert es dann ein.

Waije oder Wähen

Das sind die Obstkuchen mit dem ganz dünnen, knusprigen, aber ungesüßten Boden, die hier seit eh und je als Nachtisch besonders beliebt sind. So geht der Teig: Für 500 g Mehl stellt man 160–200 g ungesalzene Butter in die Wärme, damit sie sich verarbeiten läßt. Das Mehl siebt man auf den Tisch oder das Nudelbrett und macht in die Mitte eine Vertiefung, in die die Butter und 1 KL Salz kommen. Bei 175 g Butter gibt man nach und nach ¼ l Wasser zu, indem man es mit der Hand oder dem Kochlöffel immer weiter mit Butter und Mehl vermischt (je weniger Butter, desto mehr Wasser!). Dann *schafft* man alles zu einem zarten Teig zusammen. Vor dem Auswellen sollte er zugedeckt eine halbe Stunde ruhen. Dann wird er mit einem kleinen Rand in eine gut bebutterte Springform gelegt. Das geht am besten so: Der rund Fladen wird mit Mehl bestäubt, in der Mitte zusammengeschlagen, die Hälfte wieder leicht bemehlt und zum Viertel zusammengelegt, so in die Form gebracht und schnell wieder aufgefaltet. Der Rand steht dabei entweder über, oder man macht ihn aus einer dünnen Teigrolle, die man rundherum auflegt und leicht andrückt. (Aus diesem Teig kann man auch einfache *Pastetle* machen oder *»Fleurons«* ausstechen, die Halbmonde, die man bei festlichen Essen gern zur Garnitur eines feinen Bratens verwendet.) In unserem Fall belegt man den Teig mit frischem oder sterilisiertem Obst. Äpfel schneidet man in Schnitze, deren Breitseite noch mehrfach eingeschnitten wird, Aprikosen werden halbiert, unter Beeren streut man wegen ihres Saftgehalts etwas Weckmehl, usf. Alle Beläge zuckert man besser erst, wenn sie aus dem Ofen kommen, aber noch heiß sind.

Schleckereien

Für die »Süßele« schreibe ich noch ein paar Familienrezepte dazu, die man zu Mokka oder wenn einem sonst nach Schlekkereien zumute ist, aus der Büchse im »Geheimfach« holen oder schnell zubereiten kann. Als Vorrat kann man

Quittenpaste oder Quittenspeck

herstellen. Das ist ein altes Konfekt, das ich gern mache. Ich bin nämlich immer froh, wenn aus dem vielen Abfall beim Geleekochen noch sowas Gutes herauskommt! Aus den Resten vom Apfelgelee kann man übrigens auch Paste machen; der Geschmack der Quitten ist nur interessanter. Macht man kein Gelee, kann man natürlich Quitten und Äpfel speziell für Paste kochen! Auf 500 g Quittenmark, das durch ein gebrühtes Sieb geschlagen ist, braucht man 500 g Zucker. Beides wird unter Rühren so lange gekocht, bis sich das Mus in breiten Flocken vom Kochlöffel löst. Den Brei schüttet man auf ein mit Pergament belegtes Blech und streicht ihn mit einem großen Messer glatt aus. 1 cm dick sollte er ungefähr sein. So muß die Paste trocknen. Es dauert etwa 3–4 Tage. Wenn man das Blech in den Backofen schiebt, darf die Hitze allerhöchstens 50° betragen! Sobald sich die Paste glatt vom Papier lösen läßt, ist sie genügend trocken. Man kann sie nun mit in Zucker getauchten kleinen Förmle ausstechen oder mit dem Messer in Rhomben schneiden. Dann wendet man jedes Stück in grobem Kristall- oder Hagelzucker und bewahrt das Konfekt in einer gut schließenden Porzellanschüssel auf (den Abfall vom Schneiden darf man gleich essen!).

Zimtwaffeln

Dazu muß man ein spezielles Waffeleisen haben. Unseres hat auswechselbare Förmchen mit verschiedenen Mustern und einem langen Stiel. Man kann es nur auf offenem Feuer benutzen. Jetzt gibt es elektrische Zimtwaffeleisen, die wie die für Waffelherzen funktionieren. Der Teig besteht aus ¾ l Wasser, 125 g Zucker, 2 Eiern, 30 g gemahlenem Zimt, 1 Prise Salz und 500 g Mehl. Den Zucker löst man im heißen Wasser auf. Ist die Zuckerlösung nur noch lauwarm, rührt man mit dem Schneebesen die ganzen Eier, den Zimt und das Mehl hinein und rührt, bis der Teig glatt ist. Das Waffeleisen muß sehr gut heiß sein, bis der erste Teig hinein darf, und ganz dünn muß er alles ausfüllen. Man kann die Zimtwaffeln eine Weile in einer Blechbüchse aufbewahren, aber frisch sind sie am besten.

Waffelherzen

Auch für diese Waffeln gibt es ein elektrisches Eisen, das das Wenden über dem offenen Feuer überflüssig macht. Es wird innen mit einem Pinsel auf beiden Seiten mit etwas Öl eingefettet und dann angeheizt. Wenn es richtig heiß ist, gießt man auf die Unterseite soviel Teig, daß die Form überall ½ cm dick bedeckt ist und legt langsam die Oberseite des Eisens drauf. Der Teig besteht aus 250 g Mehl, ⅓ l Rahm, 1 EL Zucker, 3 ganzen Eiern, ½ Päckchen Backpulver. Für besonders feine Waffeln rührt man zuerst 125 g Butter schaumig, teilt 5 Eier, rührt das Eigelb mit 1 EL Zukker mit der Butter nochmals schaumig, gibt 250 g Mehl, Salz, ¼ l dicken sauren Rahm, ⅛ l Milch und zuletzt den Schnee der 5 Eiweiß darunter. Statt der Milch kann man auch Bier verwenden.
Sind die Waffeln goldgelb gebacken, nimmt man sie aus dem Eisen und trennt die Herzen mit der Haushaltschere voneinander und schneidet überstehende Kanten ab. Mit Staubzucker bestreuen und warm servieren! Apfelmus schmeckt besonders gut dazu.

Kalter Hund

ist etwas, das Leute mit Gewichtsproblemen eigentlich nicht einmal durchlesen dürfen! Eine kleine Kapselform wird mit Pergamentpapier ausgelegt. Auf den Boden kommt eine Lage Butterkekse. Darauf streicht man eine Schicht Schokoladenmasse, die aus 125 g Zucker, 2 Eiern, 65 g ungesüßtem Kakao und 250 g zerlassenem Kokosfett besteht. Darauf wieder eine Lage Kekse, Kakaomasse usf., zuletzt noch einmal Kekse. Die Form muß dann schnell für mindestens 2 Stunden in den Kühlschrank. Dann kann man sie stürzen und in 2 cm dicke Scheiben schneiden. Ein Rest muß gleich wieder in den Kühlschrank.

Rahmgutsele oder Rahmtäfeli

bestehen aus 500 g Zucker, 1 Prise Vanillezucker, ½ l Rahm, süß oder sauer (aber guten nehmen!). Das rührt man zusammen auf dem Feuer so lange, bis die Masse hellbraun ist. Dann streicht man sie schnell auf ein gebuttertes Blech aus, ca. ½ cm dick. Sobald sie etwas, aber nur etwas! abgekühlt ist, teilt man sie mit dem Rücken eines langen Messers in kleine Quadrate ein. Ist sie kalt und hart, kann man sie entlang der Einteilungen in Gutsele auseinanderbrechen. Beim Ausstreichen und Einteilen muß man flink sein: Die Masse läßt sich nicht mehr bearbeiten, wenn sie steif geworden ist! Zum Aufbewahren: verschließbares Glasgefäß (Weckglas) und einen trockenen Ort.
Ein »Rahmtäfeli«, das etwas auf sich hält, heißt es im Baselbiet, »ist weder zäh noch klebrig, sondern zartschmelzend und mürb«. Dazu müssen sie aber auch noch 10 Tage trocknen, ohne zu warm oder zu kalt zu haben.

Zum Schluß noch etwas für »salzige Schlecker«:

Salzmandeln

Die kann bei uns »jedes Kind«, denn in einem schön bemalten Marmeladeglas hat jedes Jahr eins Vaters Geburtstagsgeschenk damit bestritten. Man braucht 125 g schöne Mandeln, 1 bis 2 EL Salatöl, ½ EL feines Salz wird auf ein Löschpapier gleichmäßig verteilt. Zum Schälen wirft man die Mandeln kurz in kochendes Wasser, schüttet sie auf ein Sieb und schreckt sie mit kaltem Wasser ab. Dann läßt sich die Mandel grad aus der Haut rausdrücken (ich mache das unter einem Tuch, damit sie mir nicht weit forthopsen können!). In dem Tuch trocknet man sie gut ab und röstet sie in dem Öl von allen Seiten goldbraun, etwa 2–3 Minuten lang. Dann läßt man sie auf einem Sieb gut abtropfen, verteilt sie noch heiß aufs Löschpapier und wendet sie im Salz. Wenn die Mandeln kalt sind, bewahrt man sie in einem Schraubglas fest verschlossen auf. Ist Öl übrig, kann man es noch gut in einen Gugelhupf verwenden!

Die Jahreszeiten

spielen beim Essen eine große Rolle. Viele von den bereits beschriebenen Gerichten gibt's nur in bestimmten Monaten, sogar nur an bestimmten Feiertagen. Das liegt zum einen an der Ernte-, Jagd- und Schlachtzeit, zum anderen an der Bedeutung der meist religiösen Kalenderfeste. Dazu kommt noch, daß im bäuerlichen Haushalt während der ruhigeren Winterzeit auch öfter arbeitsreiche Essen gekocht werden konnten.

Vom späten Herbst an ist Schlachtzeit. Da gibt es

Metzelsuppe

Manchmal kann man sogar eine Kanne voll beim Stadtmetzger kaufen. Die Brühe ist von ausgekochten Fleischresten und Suppengrün gemacht. Sie wird abgeseiht, dann kommt Füllung von Blut- und Leberwürsten hinein, mit Pfeffer und Majoran gewürzt. Wenn alles sehr gut heiß ist, streut man geröstete Bauernbrotwürfel darüber – die dürfen aber nicht fett sondern nur knusprig sein. Viel frischen Schnittlauch schneidet man noch dran. Bei Bekannten auf dem Land kann man leichter mal eine Metzelsuppe erwischen, denn bei der Hausschlachtung hat man meist mehr Brühe als man selbst verwerten kann. Die Nachbarn, denen der gute Geruch ohnehin in die Nase weht, bekommen sowieso ihr Teil ab, so daß eigentlich jeder von jedem Metzelsuppe zu erwarten hat – so war es wenigstens lange Zeit in den Dörfern hier. Die Hauptmahlzeit des Schlachtfestes ist die Schlachtplatte.

Schlachtplatte

Da liegen auf einem Berg Sauerkraut Blut- und Leberwürste, Scheiben von Kesselfleisch (gekochtem Bauchspeck), Leberknödel, frisch gekochtes Schäufele oder Schinken, Saitenwürstle – meist aber nur eine Auswahl davon. Dazu gibt's Kartoffelstock oder Erbsenbrei. Je größer die Runde der Tischgenossen, desto größer die Platte und das Vergnügen! Und dazu trinkt man Bier.
In der Schlachtzeit, aber auch am Aschermittwoch und überhaupt gegen »Kater« ist im Schwarzwald das

Suer-(Sauer-)essen

üblich. Seine Grundlage ist eine dicke Mehlsuppe, die mit Rotwein, Lorbeerblatt, Nelken und Zwiebeln stark gewürzt ist. Feingeschnittene angeröstete Kutteln und die gleiche Menge Würfele von gekochtem Rindfleisch, manchmal auch von Leber und Nieren und rohen Kartoffeln, werden lange zusammen gekocht. Am besten wird das Sueressen, wenn es »en Dag lang am Herd südelet« (ein wenig siedet!). Jede Gegend hat ihr Spezialrezept. Allen gemeinsam ist, daß beim Anrichten noch ein ordentlicher Schuß Essig dran muß, und daß ein gutes *Sueressen* die müden Lebensgeister wieder weckt. Man ißt die dickflüssige Speise aus dem Suppenteller mit dem Löffel.

Der Nikolaus oder »Santikloos« bringt Weckenmänner, im Unterland »Dampedei« geheißen, und »Biirewecke« (Birnenwecken), auch Hutzelbrot genannt.

Biirewecke

macht man so: 350 g gedörrte Birnen (»Hutzeln«) werden mit 250 g gedörrten Zwetschgen und 200 g Rosinen in warmem Wasser 1–2 Stunden eingeweicht. Dann wird alles über ein Sieb abgegossen, die Brühe aufbewahrt, von den Früchten Kernhaus oder Stein entfernt und grobe Stücke davon geschnitten.

Aus ½ kg schwarzem (Roggen-)Mehl und ½ kg Weizenmehl, 2 Würfeln Hefe (als Vorteig gegangen mit 2 EL Zukker und 2 EL Milch), 2 Eiern und dem größeren Teil der Einweichbrühe macht man einen Hefeteig. Wenn er gut gegangen ist, würzt man ihn mit 1 KL gemahlenem Zimt, 1 Prise Nelken, 1 Prise Koriander, 1 Prise weißem Pfeffer und ½ KL Salz, gibt die Früchte, 125 g grob verhackte Nußkerne und 1 Gläsle Kirsch dazu und arbeitet den Teig noch einmal durch (die feuchten Früchte verbinden sich besser mit dem Teig, wenn man sie mit Mehl bestäubt). Nun formt man längliche Brötchen und achtet darauf, daß die Früchte überall mit Teig bedeckt sind. So läßt man sie noch einmal gehen. Vor dem Backen bestreicht man ihre Oberseite mit dem Rest des Einweichwassers. Bei 200 Grad brauchen sie etwa ½ Stunde.

Weckenmänner

werden aus gutem Hefeteig, der ca. 2 cm dick ausgewellt ist, geformt, ausgeschnitten oder mit einer Form ausgestochen. Wichtig ist, daß sie Augen und Knöpfe aus Rosinen haben, die man fest eindrücken muß. Dann bestreicht man sie noch mit in wenig Milch verkleppertem Eigelb und bäckt sie gleich im Ofen hellbraun.

Wenn sich die Fastnachtszeit nähert, denken nicht nur die Kinder an die Fasnetküchle. Am »Schmotzige Dunschtig« (= fetter Donnerstag), da muß es dann endlich welche geben, und nicht nur für die Familie. Besonders in den katholischen Gegenden ist an dem Tag schon Kinderfasnet, und die maskierten kleinen Narren ziehen durch die Straßen und sagen vor den Häusern Versle wie

»Luschtig isch die Fasenacht,
wenn mei Mutter Küchle bacht.
Wenn sie aber keine macht,
truurig isch die Fasenacht.«

Die Mütter können ganz verschiedene Küchle backen! Bei uns muß es Hosen und Schlangen geben, schlicht

Fasnetküchle

Sie sind aus dem Hefeteig wie für Dampfnudeln, werden nur etwas dünner ausgewellt. Daraus macht man »Hosen«, indem man Rechtecke schneidet und in eine Schmalseite noch einen Schnitt bis zur Mitte macht. Die »Schlangen« rädelt man aus, und zwar in Streifen von 1–2 cm Breite, je länger, desto besser. In die schmale Seite kommt noch ein 1 cm langer Längsschnitt: das offene Maul. Die Streifen wickelt man vom Schwanzende locker um die Hand, legt sie so zum Gehen zu den Hosen und bedeckt alles mit einem Tuch. In der warmen Küche können die ersten schon ausgebacken werden, wenn die letzten ausgeschnitten sind. Man braucht so viel heißes Kokosfett, daß die Küchle schwimmen können. Bilden sich am hölzernen Kochlöffelstiel Bläsle, wenn man ihn ins Fett steckt, kann man die Küchle einlegen, mit einer Wurstzange oder dem Bratenschäufele am besten. Mehr als auf der Oberfläche Platz haben, dürfen nicht auf einmal hinein. Sie gehen im Fett zu komischen Figuren auf! Sind sie auf einer Seite braun, werden sie gewendet. Sie müssen nachher gut abtropfen und dann gleich in einem Gemisch von Zucker und Zimt gedreht werden. Im Backofen hält man sie warm; sie schmecken aber auch kalt noch gut. Gibt man sie zum Mittagessen, gehört Wein- oder Vanillesoße dazu. Ich mache der Bekömmlichkeit wegen eine Kartoffelsuppe voraus; und die »Großen« sind froh, wenn sie zu den Küchle eine Tasse Kaffee bekommen!

Basler Schenkeli

sind aus Rührteig: 6 Eier mit 250 g Zucker schaumig rühren, 125 g zerlassene Butter und 625 g Mehl dazu. Das gibt einen festen Teig, aus dem man längliche, eigroße, dicke Würstle formt. Sie werden auch im schwimmenden Fett gebacken und mit Zucker und Zimt bestreut.

Strübli

sind eine Schwarzwälder Küchlevariante. Man braucht $\frac{2}{10}$ l Milch, $\frac{2}{10}$ l Wasser, 60 g Butter, 30 g Zucker und 1 Prise Salz

fürs erste. Das alles wird miteineinder aufgekocht, dann 250 g Mehl unter ständigem Rühren zugegeben. Sobald sich der Teig vom Topf löst, nimmt man ihn vom Feuer und rührt nach und nach 7 Eier hinein. Der Teig sollte dann flüssig genug sein, daß er durch einen Trichter fließt; sonst muß man noch ein Ei dranrücken. Nun füllt man den Trichter mit dem Teig und läßt ihn schneckenförmig und ununterbrochen ins heiße Fett fließen. Die Strübli werden auch auf beiden Seiten gebacken, abgetropft und mit Zukker bestreut.
Im Oberland hält man wohl nicht soviel von Küchle, denn da rufen an der Fasnet die Inzlinger Kinder: »Kaffi, Waihe, Waihe, Kaffi!«, und in Breisach begrüßen die Narren einander mit: »Schmecksch der Brägel?« Aber es gibt doch, fast ausgestorben, in versteckten Tälern Hausfrauen, die noch

Chnü-(Knie-)Plätzli

machen. Sie sind aus Hefeteig. Der wird in kleine, dicke Vierecke geschnitten, wenn er etwas gegangen ist. Die Köchin setzt sich dann auf einen Stuhl am Herd und legt ein frisches weißes Leinentuch auf ein Knie. Darüber zieht sie langsam und vorsichtig ein Teigfleckle nach dem anderen ganz dünn und ohne Löcher aus und bäckt sie in schwimmendem Fett. Sie bekommen eine scherbenähnliche Form mit gewellten Rändern und sind ganz zart und knusprig. Man kann sie wie alle Küchle warm und kalt essen.

Bei all dem vielen »schwimmenden Fett« weiß man, daß nach den »schmotzigen« Fasnettagen die auch rein körperlich dringend nötige Fastenzeit beginnen muß! Es ist aber ein großer Irrtum, wenn man denkt, die alten Fastenspeisen hätten etwas mit unseren Schlankheitsdiäten zu tun.
Die Kochbücher aus den Haushaltungsschulen haben lange Listen von Fastenspeisen; denn die fleisch- und fettarme Zeit bis Ostern mußte ja nicht unbedingt eine kulinarisch langweilige sein. Je intensiver in katholischen Gemeinden Fastnacht gefeiert worden war, desto deutlicher war auch der Schnitt zur

Fastenzeit. In Villingen z. B. gibt's auch heute noch in bodenständigen Bäckereien keine Laugenbrezeln mehr, wenn Aschermittwoch ist. Dafür werden die etwas bläßlich aussehenden salzarmen »Fastenbrezeln« gebacken.
Von den Fastenspeisen sind viele schon bei den Eiergerichten, den Fischen, usw. erwähnt. Pfaffenbrot, Kapuzinerknöpfle, Kartäuserklöße, Fastenbrot – wohl alles klösterliche Rezepte. Der Wein spielte im Rebland dabei die Rolle, die das Bier in bayerischen Klöstern hatte. Von den vielen Möglichkeiten, sich die Fastenzeit angenehm zu machen, schreibe ich ein paar typische ab, die uns gut schmecken.

Fastenbrot

Altbackene Weckle werden zuerst in Scheiben, dann in fingerlange Stückchen geschnitten. In heißer Butter bäckt man sie schwimmend goldgelb und legt sie dann in eine Porzellanterrine. Mit siedender Rotweinsoße werden sie übergossen; man läßt sie kurz zugedeckt durchziehen und serviert sie heiß. Die Rotweinsoße: 2 Glas Rotwein, ½ Glas Wasser, etwas ganzer Zimt und Zucker nach Geschmack werden aufgekocht – das ist alles.

Kapuzinerknöpfle

sind ein nahrhaftes Abendessen für 6 Personen, steht geschrieben. Ein großer Suppenteller voll feingeschnittenem altbackenem Brot wird in einer Schüssel mit soviel heißer Milch übergossen, daß sich das Brot vollsaugen kann. Man läßt es einige Minuten zugedeckt stehen und zerdrückt es dann mit einer Gabel. Nebenher kocht man 1 Tasse Milch, 1 Hand voll Korinthen und 1 voll Zibeben (= Rosinen) mit 1 EL Zucker 2 Minuten lang. Das vorbereitete Brot wird dazugegeben und alles zu einer dicken Masse durchgerührt. Davon sticht man löffelgroße Klöße ab und bäckt sie in heißer Butter auf beiden Seiten. Auch dazu wird Weinsoße empfohlen; die Knöpfle schmecken aber auch mit Himbeersaft.

Am Karfreitag kocht man in katholischen wie evangelischen Gegenden Spinat, Ochsenaugen (= Spiegeleier) oder verlorene Eier und Salzkartoffeln. Diese Gerichte haben schon Frühlingsfarben! Und früher gab's endlich auch die ersten frischen Eier nach der winterlichen Legepause und dem Wasserglas-Notbehelf.
Aß man keine Eierspeise an diesem Tag, stand gekochter Fisch auf dem Küchenzettel. »Auf dem Wald« war das der

Stockfisch,

den man eingesalzen und gedörrt kaufte, so daß er steif war wie ein Stock. Er mußte gewässert werden und dann gekocht. Aber er war eine trockene Angelegenheit, die nur durch reichlich zerlassene Butter, mit der er begossen wurde, etwas angenehmer schmeckte. Als mal in Furtwangen die frischgebackene Schwiegertochter am Karfreitag ihren Schwiegervater bekochen mußte, wollte sie gern zeigen, welch sparsame Hausfrau sie sei und gab nur eine Andeutung Butter über den Stockfisch. Nach einer Weile bedeutsamen Schweigens meinte der Vater: »e klei weng Butter kann viel verderbe!«

Für alle Leute, die die Fastenzeit energisch eingehalten hatten, erschien dann an Ostern endlich wieder Fleisch auf dem Tisch. Aber nicht gleich vom fetten Schweinernen oder vom dunklen Rindfleisch: Die Osteressen rankten sich um helles, zartes: Kalbs- oder Kalbsnierenbraten, zahmes Geflügel, Stallhasen, Lamm. Dazu gab's breite Nudeln und Kopfsalat – oft den ersten des Gartenjahres, wenn Ostern nicht zu früh lag. Als Nachtisch wurde der

Osterfladen

angeschnitten. Er ist viel älter als die Schokolade- und Zuckerhasen, auch älter als die Bisquitlämmer, die allenthalben heute noch gebacken werden. Dazu macht man einen Wähenteig, wellt ihn dünn aus und legt ihn auf ein Kuchenblech. Darauf wird eine Fülle von Grieß 2–3 cm dick aufgestrichen: 3 Tassen Milch und ½ Tasse Grieß wird mit Salz zu einem dicken Brei gekocht (später nahm man statt Grieß 125 g festkochenden Milchreis). 200 g feingehackte geschälte Mandeln, 125 g Zucker, 75 g Rosinen, 35 g Korinthen und etwas gehackte Zitronenschale wird mit dem erkalteten Brei vermischt. Dann verrührt man 4 Eigelb mit einer kleinen Tasse Milch und 20 g zerlassener Butter und mengt das auch dazu, zuletzt den Schnee der 4 Eiweiß. Im gut heißen Ofen wird der Osterfladen durchgebacken.

Bald nach Ostern kann man anfangen, sich auf den Spargel zu freuen – je nach Witterung gibt es den ersten ab Mitte Mai und den letzten 4 bis 6 Wochen später.

In manchen Gemeinden ist zu ganz lokalen Terminen »Kirwesonntag«, also Kirchweih oder, im katholischen Rheintal, Patroziniumsfest, der Tag des Ortsheiligen. Jedenfalls muß es »Kirweküchle« geben, und das sind die

Scherben

Man macht sie aus einem Rührteig von 500 g Mehl, 1 Ei, 2 Eigelb, 1½ EL süßem Rahm, Salz und 1 KL Backpulver. Der Teig wird ½ cm dick ausgewellt und in Rhomben oder Vierecke von etwa 5 cm Seitenlänge geschnitten. Die werden im schwimmenden Fett ausgebacken und bekommen dabei große Luftblasen. Ich denke, daß ihr Name davon kommt, daß sie beim Reinbeißen leicht zerbrechen! Man ißt sie nämlich meistens kalt, mit Puderzucker bestreut aus der Hand.

Pfingsten ist die Zeit der Mistkratzerle für die Küche. Dazu soll's aber neue Kartoffeln geben, keine »Fritten«.

Am Bodensee, wo Hopfen angebaut wird, aber auch überall, wo er sich wild an den Hecken hochschlingt, ißt man so um den Mai herum

Hopfensprossen

Sie müssen noch ganz jung, kaum aus dem Boden gekommen sein und rötlichweiß aussehen. Man kocht sie in Salzwasser, schreckt sie kalt ab und läßt sie in einer Buttersoße, der reichlich Zitronensaft beigegeben ist, kurz vor dem Anrichten noch einmal aufkochen. Oder man dämpft die weichgekochten Sprossen in Butter und mengt vor dem Anrichten ein mit etwas Milch verrührtes Eigelb darunter. Hopfensprossen schmecken sehr gut zu panierten Schnitzeln und Koteletts.

Im Herbst gibt es zwei Delikatessen, auf die man sehr wartet:

Ziibeliwaije (Zwiebelkuchen)

ist die eine: Die Zwiebeln sind da noch ganz frisch und saftig, und das ist der Grund, weshalb der Zwiebelkuchen »unterm Jahr« immer eine kleine Enttäuschung wird. Auch deshalb natürlich, weil der neue Wein, der »Federweiße«, das ideale Getränk dazu ist – und den gibt's halt nur eine kurze Zeit im Herbst!
Für Zwiebelkuchen hat jede Familie »ihr« Rezept. Manche schwören auf den »reinen«, wo die Zwiebeln nur mit Rahm und Eiern vermengt auf den Teig kommen, andere mögen ihn am liebsten mit Speckwürfeln drin – jedenfalls ist er ein deftiger Genuß, der sich weder vom Geschmack noch von der Bekömmlichkeit her mit dem *Neuen Süßen*

verträgt – Federweißer ist der richtige! Doch bleiben wir erstmal beim Zwiebelkuchen. Am besten ist er, wenn er auf Brotteig gemacht ist. Aber auf Wähen- oder dünnem Hefeteig wird er auch sehr gut. Wichtig ist mehr, daß man ihn frisch aus dem Ofen essen kann. Was nun den Zwiebelbelag angeht, schreibe ich unser Rezept auf: 500 g grob geschnittene Zwiebeln werden in 30 g Butter glasig gedämpft. 70 g in feine Würfel geschnittener Speck wird ausgelassen. Wenn er abgekühlt ist, kommt er mit gut ¼ l Rahm, 3 verklepperten Eiern und Salz in die Zwiebelmasse. Damit bestreicht man den Teigboden und backt den Kuchen in sehr heißem Ofen gut ½ Stunde goldgelb.

Die andere Herbstfreude ist der Suser mit geschälten frischen Nußkernen. Es klappt leider nicht immer, daß der Neue Süße schon da ist, wenn die Nüsse grad reif und geschlagen worden sind (man erntet Walnüsse von den großen Bäumen, indem man sie mit einer langen Stange von den Ästen schlägt!). Wenn aber die Nüsse schon trocken und nicht mehr schälbar sind, ist das auch kein Unglück.

Nußbrötle

Einfach mit Butter bestrichenes frisches Bauernbrot, mit Nußkernen belegt und in kleine Dreiecke geschnitten zu neuem – aber auch altem Weißwein, das gehört zu den Sachen, nach denen man Heimweh hat, wenn man im Herbst nicht »im Land« sein kann!

Für die, die es nicht wissen sollten, möchte ich noch erklären, was mit unseren mundartlichen Ausdrücken für die Stadien des neuen Weins gemeint ist:
Neuer Süßer ist der frisch getrottete Traubensaft. Wenn er im Faß zu gären anfängt, hört man ihn ein sausendes Geräusch machen: der *Suser* ist er jetzt! Er ist dann noch süß, prickelt aber schon auf der Zunge. Das nächste Stadium ist dann *Federweißer:* Die Hefe, alle Gerbsäure und der junge Alkohol sind schon entstanden, ein Rest Süße aber noch geblieben. Die Hefeflöckchen machen den »Wein« trüb, hell milchig, und wenn man ihn so erwischt, ist er zum Zwiebelkuchen und jedem Vesper ein Hochgenuß! Ist er dann durchgegoren, wird er wieder klar, hat

jedoch noch keine Reife und längst nicht alle seine Geschmacksmöglichkeiten entwickelt; er schmeckt aber frisch und lustig – ist eben »junger Wein«. Die Winzer gehen leider mit den Vorstadien ihres kellereimäßig ausgebauten Weines sehr geizig um. Man hat nicht immer Glück und bekommt davon! In diese Lücke sind Importe gestoßen, und diese werden mit irgend etwas Chemischem auf dem jeweiligen Gärungsstand gehalten. Man muß »bigoscht« schon in Freiburg aufpassen, daß man nicht an sowas gerät! Als Brauch hat sich die

Martinsgans

auch hier eingebürgert: ein Glanzpunkt im nebligen, »ungattigen« November!

An Weihnachten gibt es dann den Schinken von der Spätherbstschlachtung gekocht oder gebraten, dazu Nudeln und Endiviensalat, »Andivi« genannt. Oder Erdäpfelstock und Rosenkohl, Schwarzwurzeln oder Rotkraut. Süßes aß man in Form von »Weihnachtsgutsele«, die, oft in 20 und mehr Sorten, in der Adventszeit gebacken werden.
Die Karpfen, die Gans, Wild oder ein fein gemästetes Stallhäsle sind außerdem Mittelpunkte der Weihnachtsessen in den Familien.

Zu Silvester gehört die große Brezel aus nur leicht gesüßtem Hefeteig; sie ist, ob man's weiß oder nicht, immer noch das Symbol des Runden, Abgeschlossenen ebenso wie der ineinander verschlungenen Linien, aus denen das Neue entstehen wird. Deshalb wird sie bei uns um Mitternacht von einem Kind angeschnitten und stückweise verteilt. Was übrig ist, kommt auf den Neujahrs-Frühstückstisch.
Am Silvesterabend ißt man gern etwas *Räßes,* also etwas Kräftiges, Gewürztes. Italienischer Salat, Schinken oder Schäufele im Brotteig mit Kartoffelsalat geben eine gute Grundlage für die »geistigen« Getränke, die an dem langen Abend natürlich auch nicht fehlen! (Die abendfüllenden Silvestermenüs sind fast ausschließlich eine Sache der Gastronomie.) Die Feuerzangenbowle ist bei uns das spektakuläre und bekömmliche Silvestergetränk.

Das Festessen bei Hochzeit, Taufe, Kommunion und Konfirmation ist überall auf dem Land ziemlich gleich, und man kann sich fest darauf verlassen, daß es, wenn man dazu eingeladen wird, aus folgenden Gängen besteht: Nudel- oder Markklößlesuppe, gekochtes Ochsenfleisch mit Meerrettichsoße und süß-sauren Beilagen, dann Fasan, Ente oder Fisch mit kleinen *geschwenkten* Kartoffeln, als Hauptgang Braten von Schwein und Kalb mit Nudeln oder Spätzle, Gemüsen und Salat und zum Schluß Chaudeau. Wenig verwischt sich da durch Tiefkühltruhe, Supermarkt und moderne Kinder. »Was der Bauer nicht kennt, ißt er nicht«, hat da eine sehr positive Bedeutung: man will wissen, was man hat und seinen Gästen anbietet. Und am meisten Zutrauen hat man eben zu dem, was in der eigenen Umgebung erzeugt und oft noch selbst zubereitet wird. Man kann nur hoffen, daß das so bleibt, denn diese Art Festessen ist vom Geschmack wie von der Bekömmlichkeit her kaum zu überbieten.

Pfaffenbrot

Dazu schneidet man festes Weißbrot in 2 cm große Würfel. Soviel Weißwein, daß er vom Brot aufgenommen werden kann, Zucker und Zimt werden auf das Brot gegeben. Wenn es durchtränkt ist, nimmt man es schnell heraus, bevor es zerfällt und wendet die Würfel in verklopftem Ei und Weckmehl. So paniert werden sie in Butter auf allen Seiten gebacken und mit Weinsoße gegessen.

Heinrich Hansjakob erzählt in seinen Schwarzwaldgeschichten auch von den Holzflößern und berichtet, was noch um 1850 herum zu einer

Flößerzeche

gehört hat: »Nudelsuppe, Rindfleisch mit Meerrettig und Rahnen, Schinken und Schweinebraten mit Sauerkraut, Saueressen mit Küchle, eingemachtes Kalbfleisch mit Gugelhopf, Kalbsbraten und Salat«. Getrunken wurde viel Wein, aus einem Glas, das fortwährend die Runde machte. Die Zusammenstellung und die Vielzahl der Gerichte mutet uns heute merkwürdig an! Wenn man aber weiß, unter welcher Lebensgefahr und schier unvorstellbaren Anstrengungen die Flößer im Frühjahr das Langholz die Wildbäche hinunter bis zur Kinzig schafften, dann war ihnen, wenn sie alle wohlbehalten nach Schiltach in den »Engel« zogen, ein so ausführliches Festmahl grad recht!

Für abendliche Gastereien, was man so einen

Hock

nennt, schreibe ich noch ein paar gute Erfahrungen auf. Sie haben zum Teil nicht direkt etwas mit »Bodenständigkeit« zu tun, aber in den Familien haben sie schon lange Tradition.

Käse-Fondue

heißt in Großmutters Kochbuch noch *Liebesspeise* (wegen der die Runde verbindenden Käsefäden vielleicht). Eigentlich ist das ein Essen der Sennen aus den Schweizer »Maiensässen«, wenn sie den Sommer über mit dem Vieh auf der Alm sind. In feinen Nordschweizer Kochbüchern steht kein Wort über dieses »vulgäre« Gericht – eher kann man darin erfahren, wie man ein Murmeltier räuchert! Obwohl man Fonduemischungen in guter Qualität kaufen kann, sind hier die Zutaten für eine selbstgemachte – sie gelten für 2 Personen; 125 g jungen, fetten Emmentaler, 125 g Greyerzer Käse, ⅛ l Fendant (d. i. Schweizer »Gutedel« aus dem Waadtland), 1 KL Mehl, angerührt in 1 Gläsle Kirschwasser, Pfeffer. Ein eisernes oder irdenes Fonduetöpfchen (Caquelon) streicht man mit einer Knoblauchzehe aus, erwärmt den Wein, läßt darin den in feine Scheiben geschnittenen Käse zergehen, rührt Schnaps und Mehl darunter und bewegt die Masse auf schwachem Feuer ständig so, als würde man mit dem Kochlöffel eine 8 auf den Topfboden schreiben, bis alles glatt miteinander verbunden ist und ans Kochen kommt. Dann stellt man das Caquelon auf einer Spiritusflamme auf den Tisch und hält es am Kochen. Mit Weißbrotwürfeln an langer Gabel fährt jeder in den geschmolzenen Käse und holt ihn sich am Brot heraus. Man ißt gern Saures wie Silberzwiebeln, Gürkle usw. dazu und trinkt einen trockenen Gutedel. Erfahrene Schweizer Freunde wünschen einen ungesüßten Schwarz- oder Melissentee dazu!

Kräuterkäse mit Brezele

Guten Bibeleskäs oder anderen Frischkäse rührt man mit etwas Rahm oder Milch glatt, daß er gerade geschmeidig ist. Eine kleine Schüssel wird mit Knoblauch ausgerieben. Ganz fein geschnittener Boretsch, Peterle und Schnittlauch, Salz und Pfeffer werden daruntergemischt und der Käse in der Schüssel angerichtet. Die Gäste nehmen sich Brezele und beladen sie mit Käse – eine erfrischende und verbindende kleine Speise für eine Freundes- oder Familienrunde!

Zwiebelsuppe

soll man ganz heiß auf den Tisch bringen! Aber zuerst muß man für 6 Personen 100–150 g in Scheiben geschnittene Zwiebeln in 50 g Butter hellgelb dämpfen. 75–100 g Mehl wird dann zugegeben und auf schwacher Hitze ¼ Stunde

mitgedämpft; die Masse soll dabei immer bewegt werden. Von 2 l Knochen- oder Grünsbrühe löscht man mit einem Schöpfer voll das Gedämpfte ab, füllt nach und nach mit der übrigen Brühe auf und läßt die Suppe mindestens 20 Minuten sanft weiterköcheln. Richtet man sie in Suppentassen an, legt man kurz vor dem Auftragen eine geröstete Weckscheibe auf die Zwiebelsuppe. Oft wird auch geriebener Käse über die Suppe gestreut, bevor die Weckscheiben draufkommen. Der Käse zieht aber lange Fäden, wenn er schmilzt, und macht beim Löffeln Umstände!

Salzige Torte

kann man vorher so vorbereiten, daß man sie am Einladungsabend nur noch einmal aufwärmen muß. Zum Teig braucht man 100 g Mehl, 50 g Stärkemehl, 1 gestrichenen KL Backpulver, ½ KL Salz, 1 Ei, 100 g Butter. Mehl und Backpulver mischt man auf dem Nudelbrett, macht eine Vertiefung, in die Salz und Ei kommen, schlägt vom äußeren Mehl etwas darüber, schneidet die Butter drauf, verknetet alles schnell zu einem festen Teig und stellt ihn kalt. Zum Belag muß man dreierlei richten: Erstens: 625 g gehacktes Rind- und Schweinefleisch, 1 eingeweichtes Weckle, 2 Eier, 1 feingeschnittene Zwiebel, Salz und Pfeffer. Zweitens: 2 Kaffeelöffel Tomatenmark, drittens: 10 g Stärkemehl, 1 Ei, Salz, Currypulver, 4 EL Kondensmilch, mit Milch auf ⅛ l aufgefüllt, 1 EL Schnittlauch, 100 g geriebenen Emmentaler Käse. Zwei Drittel des Teiges werden zu einem Tortenboden ausgewellt, das letzte Drittel ergibt den 3–4 cm hohen Rand. Auf den Boden verteilt man die gut vermengten Zutaten von 1, streicht das Tomatenmark darauf und gießt die verquirlten Zutaten 3 darüber. Die Torte muß gleich bei mittlerer Hitze 40–50 Minuten gebakken werden, damit die verschiedenen Beläge keine Zeit haben, sich gegenseitig zu durchdringen.

Mehr Arbeit, aber am Tag zuvor zu machen, sind

Mosaikbrötle,

die gefüllten Kaviarbrote, die es immer an Großmuttis Geburtstag gab. Dazu braucht man ein 40–50 cm langes sogenanntes Kaviarbrot. Das ist ein Milchbrot, in einer Form rund gebacken. Die meisten Bäcker machen sie bei uns täglich. Man muß aufpassen, daß man ein gut gebackenes Brot bekommt, das nachher nicht platzt. Dieses Brot schneidet man nun in der Mitte auseinander. Mit einem scharfen langen Messer höhlt man die Hälften aus, indem man das Messer dreht und alles Weiße herausnimmt. Je dünner die Rinde bleibt, desto besser sind die Brötchen, aber auch um so schwerer aufzuschneiden; also lieber beim

erstenmal nicht allzu ehrgeizig sein! Statt des Weißbrotinneren kommt eine Füllung in die Brote. Sie besteht einmal aus 100 g Schinken, gekocht, 100 g Zunge, gekocht, 75 g Emmentaler oder Goudakäse, 2 mittelgroßen Essiggürkle, 1 hartgekochten Eiweiß, 50 g gewässerten Sardellen – alles in schöne ½-cm-Würfele geschnitten. Zum zweiten aus 125 g weicher Butter, ½ EL fein verwiegten Kapern, 1 KL Senf, 1 Prise Pfeffer, 1 Prise Salz und dem durch ein Sieb getriebenen gekochten Eigelb. Die Butter rührt man schaumig und mengt die Zutaten von 2 darunter. Dann kommen die Würfele dazu und alles muß sich fest verbinden, ohne daß die Würfele zerfallen (ich mache das mit der Hand). Mit dieser Masse füllt man löffelweise die Brote, so dicht wie möglich. Man kann die Brothüllen dazu fest mit einem Tuch umwickeln und Schnur darumbinden, damit sie nicht platzen. Mit einem Kochlöffelstiel drückt man die Füllung an die Brotwände. Ich habe am Stiel von meinem Fleischklopfer ein dickes Ende, das gerade in die Höhlung paßt – sicher findet sich ein ähnlich hilfreiches Instrument in jedem Haushalt. Die gestopften Brothälften müssen mindestens 6–8 Stunden in der Kälte gelegen sein (bis die Butter wieder richtig steif ist). Dann kann man sie ½ cm dick aufschneiden. Es gibt 30 Brötchen.
Für's offene Feuer draußen darf die

Steckelewurst

nicht vergessen werden! Wenn man eine Cervelat- oder eine andere dicke Wurst an den Enden kreuzweise 2–3 cm tief einschneidet und ein Stück Käse von rund 4 cm Länge und 2 cm Dicke in die Wurstenden klemmt, schmeckt die Wurst besonders gut! Sie wird auf einen zugespitzten Stekken gespießt, und zwar in der Mitte, und schön langsam und gleichmäßig gedreht. Der schmelzende Käse tropft mit großem Gestank ins Feuer, wenn man nicht aufpaßt!!

Straßburger Nußbrot

ist etwas Originelles für geschickte Leute: Ein längliches halbweißes Brot mit eingebackenen Walnußkernen kann man beim Bäcker kaufen oder backen lassen. Mit einem sehr scharfen Messer (ein Elektromesser ist da sehr nützlich) schneidet man das Brot so: 4–5 cm hinter dem Knäusle (= Ranft, Knust oder einfach Ende des Laibs) senkrecht bis fast an den Boden, dann waagrecht dem Boden entlang und am anderen Ende bleibt das Knäusle wieder stehen. Das herausgeschnittene Oberteil des Brotes löst man heraus und schneidet es in dünne Scheiben von ½–1 cm Dicke. Es ist dabei wichtig, daß man die Reihenfolge der Scheiben nicht durcheinander bringt. Die erste Scheibe wird mit Butter bestrichen und mit einem genau passenden dünnen Stück Caseler Rippenspeer (hier sagt man kurz »Kaßler« dazu) belegt. Scheibe Nr. 2 wird nur mit Butter bestrichen und genau auf Nr. 1 gelegt und etwas angedrückt. So verfährt man mit allen weiteren Scheibenpaaren. Wenn am Ende eine einzelne übrigbleibt, macht das gar nichts, denn alle die vorbereiteten Paare müssen jetzt auf den Brotboden und zwischen die Knäusle gesteckt werden, damit es wieder aussieht wie ein ganzes Brot. Wer ein bissel geschickt ist und ein wirklich scharfes Messer hat, kann jetzt noch alle belegten Scheiben der Länge nach durchschneiden. Die Stücke, die beim Verzehren dann herausgenommen werden, sind handlicher.

Wir haben schon oft vom Wein gesprochen und sollten doch auch einmal sagen, daß aus unserem guten Schwarzwaldwasser auch ausgezeichnete Biere gebraut werden! Die Traditionen der Klöster und der Gastwirte, die oft ihr eigenes Bier brauten, haben auch bei uns bis heute ihre Wirkung: Es gibt für jeden noch so individuellen Geschmack das passende gute Bier. Daß man von dieser Möglichkeit regen Gebrauch macht, kann man am besten feststellen, wenn man früh morgens durchs Höllental fährt: Es würde sich lohnen, zu zählen, wie viele Bierautos da bergauf und bergab fahren, und wie viele verschiedene!

Hausgetränke

die man ohne große Mühe selber machen kann, gibt es aber auch noch. Von meinem Großvater habe ich ein ziemlich dikkes Wachstuchheft mit lauter solchen Rezepten, von ihm selbst aufgeschrieben. Dieses Heft soll er seiner Braut zur Verlobung geschenkt haben. Auf der ersten Seite steht jedenfalls: »Meiner lieben Braut zur Nachahmung!« So wichtig war ihm also, daß seine »Zukünftige« die Getränke auch machen konnte. Und sie machte sie. Viele standen zu meiner Kinderzeit in schönen Flaschen im Keller, und ich habe oft eine heraufgeholt, wenn Gäste kamen. Aber nicht nur wegen dieser Erinnerungen mache auch ich heute noch manche Sorten: Sie schmecken gut und unverfälscht, und deshalb will ich hier auch aufschreiben, wie sowas geht.

Hagebuttenwein

3 kg reife, aber noch nicht erfrorene Hagebutten werden entstielt und *»geschnäuzt«*. 3 kg Zucker kocht man in 6 l Wasser auf. Die vorgerichteten Hagebutten kommen in eine Korbflasche, einen Glaskolben oder einen Steingut-topf. Das erkaltete Zuckerwasser schüttet man darüber und deckt das Gefäß mit einem Leinenläppchen zu. In einem Raum, der weder warm noch kalt ist, läßt man es stehen, »bis die Rosen wieder blühen«. Dann wird der Wein in Flaschen abgeseiht. Nach ein paar Tagen kann er vom Satz abgegossen und in andere Flaschen *filtriert* werden, bis er klar ist. Jetzt muß man ihn verkorken. Die fertigen Flaschen stellt man an ein sonniges Fenster: Der Hagebuttenwein bekommt dann eine schöne dunkle Farbe. Ab Weihnachten kann er wie Südwein getrunken werden – je älter er aber ist, desto besser ist er!

Holdersekt

12 mittelgroße Blütendolden vom schwarzbeerigen Holunder werden mit 12 l Wasser, ¼ l Weinessig, 1 kg Zucker und einer in Scheiben geschnittenen Zitrone im Steinguttopf *angesetzt.* Mit einem Tuch bedeckt bleibt der Topf in der Küche stehen und wird 3 Tage lang öfter umgerührt. (Dazu habe ich einen langen, geschälten Stecken darauf liegen und bin die Sorge, daß gerührt wird, völlig los – jeder, der vorbeigeht, rührt halt ein bissel, weil es so gut riecht!) Nun seiht man die Flüssigkeit in Sektflaschen ab – die einzigen, die den Druck, der darin entsteht, aushalten. Als ich's mal der Einfachheit halber mit Bierflaschen probierte, die den alten Schnappverschluß noch hatten, ging im Keller immer wieder eine mit großem Knall los, und weg war der Holdersekt! Natürlich ist das Abfüllen keine ganz trockene Angelegenheit. Aber die Küche muß durchaus nicht so »schwimmen«, wie damals, als unser Fünfzehnjähriger und sein Freund beschlossen hatten, eine Holdersekt»fabrikation« anzufangen. – Nun heißt es im Rezept, daß die Flaschen luftdicht verschlossen werden sollen. Dazu treiben wir ausgekochte Naturkorken hinein. (Wenn dieser »Pfropfer« nicht ganz in den Flaschenhals will, muß man sich eine nicht gekachelte Küchenwand aussuchen, gegen die man mit der ganzen Körperkraft die Flasche mit dem widerspenstigen Korken drücken kann!) Dann machen wir einen Apothekerknoten aus dünner Schnur drauf und stecken danach den Flaschenkopf in Wachs oder Stearin, das gerade eben flüssig gemacht wurde. Die Flaschen bleiben noch in der Küche stehen, bis Luftperlen aufsteigen, wenn man daran klopft. Dann müssen sie in den kühlen Keller. Man kann den »Sekt« gleich trinken; er sollte kühl ausgeschenkt werden.

Holdersekt ist ein erfrischendes Sommergetränk und lohnt die Mühe wirklich. Wir setzen ihn öfter an: Die letzten Blüten erwischt man noch im Hochschwarzwald.
Da Holdersekt ein wenig Alkohol enthält und die Flaschen im Keller viel Platz nehmen, mache ich für Kinder (aber nicht nur für sie!) auch

Holdersirup

Dazu muß man 1500 g Blütendolden vom schwarzen Holunder sammeln. 4½ kg Zucker werden mit 5½ l Wasser aufgekocht, dann gibt man 60 g Zitronensäure (aus der Apotheke oder Drogerie) dazu. Wenn die Blütendolden gewaschen und abgetropft sind, legt man sie in einen Steinguttopf und gießt die Zuckerlösung heiß darüber. So läßt man den Topf 24 Stunden stehen. Dann seiht man den Sirup in gut heiß gewaschene Flaschen ab. Es gibt 7½ l davon, und der Sirup kann stark mit Wasser verdünnt werden, wenn er getrunken wird. Es hört sich wie eine Menge für Jahre an, 7½ l, aber die kleinen Bierflaschen, in denen ich ihn aufbewahre, reichen nie bis es neuen gibt!

Waldmeister-Maibowle

Dieses beliebte Getränk kann man nur eine ganz kurze Zeit im Jahr machen; denn der Waldmeister darf weder schon hoch gewachsen sein, noch gar blühen! Man findet ihn im Frühling in lichten Laubwäldern. Auf zwei 7/10-l-Flaschen Weißwein – wir bevorzugen Gutedel oder Riesling – braucht man 3 dicke Sträußchen Waldmeister. Er gibt mehr Aroma ab, wenn man ihn einen Tag vor dem Ansetzen der Bowle pflückt und an einem kühlen, schattigen Platz etwas anwelken läßt, aber nicht *dörren!* Die mit Faden zusammengebundenen Sträußchen hängt man nun in einer Bowle- oder Suppenschüssel in den Wein und deckt sie gut zu. Nach ca. 20 Minuten nimmt man die Kräuter heraus und fügt – für süße Geschmäcker – 100 g Würfelzucker bei; ich nehme viel weniger. Bei ca. + 10° wird die Bowle gehalten, bis sie gebraucht wird. Erst dann schüttet man eine Flasche kaltgestellten Sekt dazu. Eine leichtere Bowle kann man mit Sprudel (Mineralwasser ohne Geschmack) aufgießen.

Erdbeerbowle

schmeckt mit Abstand am besten mit Walderdbeeren. Bei Gartenerdbeeren nimmt man die kleinen – aber bitte ja nicht waschen! Hängt Erde daran, muß man sie abpinseln. Von 500 g Erdbeeren werden (für 1,5 l Wein) Stiel und »Kränzle« abgedreht. In einer irdenen Schüssel bestreut man sie mit feinem Zucker, aber nicht mit Puderzucker. Man läßt sie zugedeckt so eine Stunde im Kühlen durchziehen. Dann gießt man ¼ l guten Weißwein darüber und läßt diesen Ansatz 4 bis 5 Stunden zugedeckt kühl stehen. Erst kurz vor dem Auftragen rührt man vorsichtig um, gibt den übrigen Wein und den Sekt zu. Hat Erdbeerbowle einen leicht bitteren Geschmack, dann waren un- oder halbreife Beeren dabei – also beim Richten weglassen!

Feuerzangenbowle

Die gibt's bei uns an Silvester, und der Vater macht sie am Tisch, umringt besonders von denen, die nachher nur ganz wenig davon bekommen! Er hat aber ein Rezept entwikkelt, das auch den »Großen«, die lang bei diesem Getränk bleiben, nie eine Sorte Kater verursacht hat. Für 4 Personen nimmt er 1 Flasche herben, durchgegorenen Rotwein, den Saft von 3 großen Orangen und 1 Zitrone, ⅓ von einer Zimtstange. Das wird langsam zusammen in einem emaillierten Topf heiß gemacht und bleibt dann auf der Spiritusflamme stehen. Über den Topf legen wir eine Art grober Rohkostreibe und setzen einen Zuckerhut von 250 g darauf. Mit Rum, der 54–70%ig sein muß, wird der Zucker so sorgfältig begossen, daß nichts davon direkt in die Bowle läuft. Ist er gut angefeuchtet, kann man das Licht ausmachen und den Zuckerhut anzünden. Er brennt mit schöner blauer Flamme. Wird sie klein, gießt man etwas Rum nach; aber mehr als ⅔ des Zuckerhuts lassen wir nicht verbrennen. Der heiße Rumzucker tropft in die Bowle, der Alkohol ist größtenteils verbrannt, aber nun hat das Getränk den richtigen Silvestergeschmack!

Nußlikör

Dieses Rezept schreibe ich direkt von Großvaters Sammlung ab. In Klammern stehen nur meine Erklärungen. »Zu 3½ l Fruchtbranntwein (Obstler) nehme 50 grüne Johannisnüsse (am 21. Juni gepflückte), befreie sie von Stielen und schwarzen Flecken, teile jede Nuß in 8 längliche Teile. Für 6 Pfennig ganze Nelken (= 10 Stück) und für 10 Pfennig Stangenzimt (= 1½ St.), etwas Muskatenblüte, ½ getrocknete Zitronenschale, ½ ebensolche Orangenschale, dünn abgeschnitten, 5 weiße Pfefferkörner, 12–15 bittere Mandeln, geschält und grob gehackt. Dies alles tue in einen Kolben (große Glasflasche) von 4–5 l groß, gieße Schnaps darüber und stelle den Kolben an einen warmen Ort. Lege den Pfropfer (Korken) lose darauf und binde ein leinen Läpple darüber. Schüttle den Inhalt jeden Tag und lasse solches 6–8 Wochen geschehen. Dann filtriere durchs Fließpapier (Löschblatt). 1½ Pfund (750 g) weißen Zucker *läutere* in einem halben l Wasser, füge für 5 Pfennig Kalmus (= 5 g, aus der Apotheke) bei, schütte das dem Liqueur zu, sobald es kalt ist, fülle ab in Flaschen und tu sie gut verkorken. Manche wollen ⅛ l Rum dabei, das soll man sein lassen, wenn es verschnittener ist. Ich empfehle, daß man die Nüsse herausschmecke. Über die sonnigen Monate stelle die Flaschen noch hinter das Fenster, damit der Liqueur eine schöne Farbe bekomme. Er darf aber nicht arg warm werden.«

Crème de Cassis

Französisch klang vornehmer, drum heißt er so, der Likör aus schwarzen Johannisbeeren! 1 kg ganz reife schwarze Johannisbeeren stopft man in eine Flasche und schüttet Kornbranntwein dazu, bis die Beeren bedeckt sind. Das Glasgefäß wird wie beim Nußlikör verschlossen und mindestens 2 Monate lang soviel wie möglich der Sonne ausgesetzt. Dann schüttet man den Schnaps ab, *brüht* die Beeren mit ½ l kochendem Wasser, gießt die Brühe zu dem abgegossenen Schnaps, füllt auf 2¼ l Weizenschnaps auf (Korn). Dann kommen 500 g Zucker dazu. Wenn der sich aufgelöst hat, füllt man den Likör in Flaschen.
So kann man viele Beeren, auch Kirschen, zu Likör ansetzen.

In Jahren, die einen besonders langen Herbst und einen nicht zu trockenen Sommer hatten, werden auch bei uns die blauen Schlehenfrüchte groß und reif. (Der Schlehenbusch, der an Feldrainen wächst und im frühen Frühling weiß blüht, heißt auch Schwarzdorn.) Aus den dunkelblauen, bereiften Früchten kann man den herbsüßen, blutroten

Schlehenlikör

machen. Man füllt in eine große Flasche ½ l Gin und 200 g Farinzucker. Dieser braune Rohzucker ist oft nicht zu kaufen; der Likör wird aber auch sehr gut, wenn man den braunen Kandisfarin nimmt; davon aber nur 175 g! Die Schlehen werden mit einem hölzernen Zahnstocher 1–2mal eingestochen, bevor man sie zu dem Gemisch in der Flasche füllt. Die Flasche verkorken und in Zimmerwärme stehenlassen. Immer, wenn man daran vorbeikommt, tüchtig schütteln! Wenn der Zucker ganz aufgelöst ist, frühestens aber nach 6 Wochen, kann man den Likör durch ein Tuch filtrieren und in Flaschen abfüllen. Damit sich die tiefrote Farbe noch mehr entwickelt, sollten die Flaschen noch ungefähr 8 Wochen an einem sonnigen Fenster stehen. Ab März hat dann der Likör sein volles Aroma und die schöne Farbe. Er schmeckt auch Leuten, die sonst für Liköre nicht viel übrig haben. Für das

Zibärtle,

eine Schwarzwälder Spezialität, kann ich kein Rezept geben, denn das ist ein Schnaps, und der braucht Brennerlaubnis! Aber den Namen kann ich erklären:
Das *Zibärtle* wird aus einer Art Schlehen gebrannt – längst nicht mehr aus den herben blauen, die an unseren Feldrainen reifen, sondern aus einer milderen Übergangssorte zu der Mirabelle (die zur gleichen Pflanzenfamilie gehört). Diese wilden Früchte kamen zuerst aus Cypern – daraus wurde bei uns »Zibärtle«! In Schlesien heißt der gleiche Schnaps »Grecke« – dort war der französische Name von Griechenland das Ausgangswort für seine Bezeichnung.

Eingemachtes

Von den Schätzen der Hausfrau im Keller habe ich schon erzählt. Wir wollen jetzt noch näher darauf eingehen, denn es wird ja wieder modern, seine Vorräte selber einzukochen. Aber nicht nur deshalb: es gibt dabei Rezepte, deren Produkte durch nichts Käufliches zu ersetzen sind und ohne die manches bodenständige Gericht unvollständig bleibt. Was wir nicht mehr machen müssen, ist, Eier in Wasserglas konservieren, Rhabarber und Bohnen in Flaschen stopfen, Sauerkraut selbst einschneiden. Und wer hat schon noch einen kühlen Keller mit gewachsenem Boden, auf dem sich der beschriebene Erdhaufen plazieren ließe?

Wer aber im eigenen Garten Überfluß erntet und ohne Kunstdünger anbaut (kunstgedüngtes Gemüse läßt sich nämlich nicht wohlschmeckend sterilisieren!), der wird Wert darauf legen, seine Produkte für den Winter haltbar zu machen. Eine große Hilfe ist da die Tiefkühltruhe. Es gibt aber Gründe, manches immer noch zu sterilisieren; einer davon ist, daß man schnell etwas zur Hand hat, was keine lange Vorbereitungszeit mehr braucht. Zum andern hält, was gut sterilisiert wurde, fast unbegrenzt. Wie man sterilisiert, ist überall nachzulesen und muß hier nicht nochmal erklärt werden. Ebenso ist es mit dem Entsaften von Obst und Gemüse – bestimmt keine regionale Eigenheit! In allen alten Aufzeichnungen gibt es aber das Rezept zum Haltbarmachen von Beerensaft ohne Kochen. Auf die Gefahr hin, daß wir hier trotz unseres Reichtums an Wald- und Gartenbeeren nicht die Erfinder dieser Methode sind, werde ich sie dieser Sammlung dennoch einverleiben. Ich glaube auch nicht, daß diese Konservierungsart schonender mit dem Obst umgeht, als unser Dampfentsafter das tut; aber einerseits ist es interessant, was man in Ermangelung unserer heutigen Kenntnisse und Möglichkeiten erfunden hat, um alle Gaben des Waldes und Gartens auszunützen, andererseits freuen sich vielleicht ganz konsequente Energiesparer über diese Methode!

Ungekochte Säfte, vergoren

Himbeeren, Johannisbeeren, Erdbeeren, Kirschen und Brombeeren wurden so entsaftet und haltbar gemacht: 1½ kg Früchte wäscht und verliest man nach ihrer Art. 2 l Wasser werden abgekocht, 40 g Weinsteinsäure darin aufgelöst und damit die Beeren übergossen. Nach 24 Stunden läßt man den Saft durch ein Tuch ablaufen. Auf 1 l des Abgegossenen kommt 1 kg Zucker. Über mehrere Tage rührt man öfter, bis der Zucker ganz aufgelöst ist. Dann kommt alles in weithalsige Flaschen und wird mit einem Leinenläppchen zugebunden. An einem nicht zu kühlen Ort bleibt das Gefäß stehen, bis der Saft durch Gärung völlig klar ist. Die obendrauf entstandene Gärschicht wird abgenommen, der Saft in Flaschen gefüllt und verschlossen.
Bis vor wenigen Jahren hat in der Wutachschlucht ein alter Mann den Wanderern solchen Saft verkauft. Er wurde mit Quellwasser verdünnt und fand reißenden Absatz, so gut war er.

Marmeladen und Gelees

kann man kaufen. Und wenn man genug Geld dafür ausgibt, auch sehr gute. Sammelt man aber gern Beeren oder hat viele im Garten oder möchte von einer »Schwemme«, also einer Rekordernte, profitieren, dann lohnt es sich in vielerlei Hinsicht, selbst einzukochen. Im Schwarzwald heißt der süße Brotaufstrich immer noch *Gsälz*. Ich kann mir nur vorstellen, daß diese Bezeichnung von einem Sammelbegriff für alles Konservierte übriggeblieben ist. Schließlich waren früher Fleisch und Gemüse hauptsächlich durch Salz haltbar gemacht worden. Jedenfalls: wenn man als Kind jemand einen Gefallen erwiesen hatte, hieß es zum Dank: »Komm, kriegsch e Gsälzbrot!« Das war dann eine Riesenbrotscheibe rund um den Laib und dick drauf selbstgemachte Marmelade. Butter war nicht drunter: so üppig war man nicht! Aber wie ein solches *Gsälzbrot,* gewürzt auch noch durch die gute Tat, geschmeckt hat, das entgeht den heutigen Kindern.

Marmelade

kocht man überall gleich. Deshalb halte ich nur ein paar Ausnahmen fest. Und einige persönliche Erfahrungen: Ich habe die zuckersparenden und kalt gerührten Marmelade-Rezepte ausprobiert und festgestellt, daß bei den heutigen Wohn- und Kellerverhältnissen in der Stadt diese Marmeladen nur schimmelfrei halten, wenn man sie sterisiliert oder mit chemischen Zusätzen behandelt. Da das Obst ja eine wertvolle Sache ist, soll man es auch in dieser Form mit Genuß essen können, und wenn man vor dem Kaloriengehalt Angst hat, streicht man halt weniger Marmelade aufs Brot. Bei dem vollen Aroma, das sie haben, kommt man dabei nicht zu kurz. Die Faustregel bleibt also: 500 g Obst, 500 g Zucker. Man rührt diese Mischung, bis sie kocht, und dann noch 5 Minuten, nicht länger. Über einen Silberlöffel, damit das Glas nicht springt, füllt man die Marmelade heiß ein, legt ein in Schnaps getauchtes Blättle Zellophan drüber und schraubt oder bindet das Glas sofort zu. Immer nur eine 500-g-Menge kochen, sonst erhöht sich die nötige Kochzeit auf ein Mehrfaches! Pro 500 g Obst kann man 100 g Zucker sparen, wenn man ihn *krümpelt,* d. h. zuerst allein in den Kochtopf nimmt und bei mittlerer Hitze so lange rührt, bis der Zucker zu klumpen anfängt und gelblich wird. Vor jeder neuen Lage Marmelade muß dann aber der Topf wieder ganz sauber und trocken gemacht werden. 1 EL Kirschwasser, vor dem Abfüllen in die noch kochende Marmelade aus schwarzen Kirschen gerührt, erhöht Geschmack und Haltbarkeit, aber nicht die Gelierfähigkeit.

Gelee

Hier gilt: 1 l Saft, 1 kg Zucker. Gelierzucker enthält Zitronensäure und ist für Obstarten mit geringem Pektingehalt eine Hilfe. Sonst kann man bei Früchten mit schlechter

Gelierfähigkeit auch etwas kristallisierte Zitronensäure zusetzen (3–4 g auf 500 g Zucker). Johannisbeeren sind besonders gute Gelierer; wenn man sie unter andere Beeren mischt, gelingt das Gelee mit Sicherheit. Wenn Saft und Zucker kochen, rührt man 10–15 Minuten weiter. Nach 10 Minuten läßt man einen Tropfen des heißen Gelees auf einen kalten Porzellanteller fallen; bleibt er stehen, kann man alles in Gläser füllen. Längeres Kochen als 15 Minuten nützt bei keiner Frucht mehr; das Gelee wird höchstens zäh dabei und verliert sein Aroma. Dann lieber mit noch 2 g Zitronensäure nachhelfen. Bei Wildfrüchten braucht man selten Gelierhilfe.

Gelee aus rotem Holunder

dem weitverbreiteten Wald- oder Vogelholunder. Er wird oft für »giftig« gehalten; aber er ist roh nur wegen seiner Bitterstoffe und Säure ungenießbar. Als Gelee schmeckt er sehr frisch und apart und ist überdurchschnittlich vitaminreich. Man wäscht die Dolden und streift die Beeren mit einer Gabel ab. In ganz wenig Wasser und Zucker kocht man sie an. Wenn sie ihren Saft abgegeben haben, seiht man ihn ab. Auf 1 l Saft nimmt man 1 kg Zucker und den Saft von 1 bis 2 Zitronen oder Orangen (nimmt man Orangensaft, können noch zwei ganze Nelken mitgekocht werden). Kocht das Ganze, rührt man es 8 bis 10 Minuten lang. Dann nimmt man den Schaum ab und füllt es in Gläser (Silberlöffel!). Nach dem Erkalten legt man eine Scheibe in Schnaps getauchtes Zellophan darüber und bindet die Gläser zu.

Gelee aus schwarzem Holunder

macht man aus reifen Holderbeeren. An jedem anständigen Hof wächst ein Busch, und an Berghängen in Wassernähe findet man ihn auch leicht. Er hat im Volksglauben und in der Volksmedizin schon immer große Bedeutung gehabt. Auf den »Geschmack« kommt man ihm neuerdings auch wieder viel mehr. Die gewaschenen, abgestreiften Beeren werden mit etwas Rotwein und Zucker aufgekocht. Sonst geht, ohne weitere Zutaten, alles wie beim roten Holunder.

Quittengelee

macht man aus etwas abgelagerten Früchten, jedenfalls sollten sie ganz gelb sein. Der pelzige Belag wird mit einem trockenen Tuch abgewischt und jede Quitte je nach ihrer Größe in 4 bis 8 Teile zerschnitten. Blüte, Stiel und Angefaultes entfernt man. In einem Kochtopf, möglichst einem emaillierten, kocht man die Quitten mit nur so viel Wasser, daß sie knapp bedeckt sind (Früchte im Topf ein paarmal auf einem dicken Tuch stoßen, damit sie eng zusammen liegen!). Sind sie weich, läßt man den Saft durch ein Tuch ablaufen. Dazu bindet man das Tuch an die vier Beine eines umgedrehten Hockers und kippt das Fruchtfleisch hinein. So läuft noch viel Saft in eine daruntergestellte Schüssel, und wenn man aus den Früchteresten nachher nicht noch Quittenpaste machen will, kann man sie noch auspressen, wenn die Masse etwas abgekühlt ist. Die so gewonnene Flüssigkeit kocht man nun noch unter Rühren ungefähr 15 Minuten ein. Dann mißt man den Saft. Als Faustregel gilt: Auf 1 l Saft kommt 1 kg Zucker. Neuerdings gibt es außer dem bereits bewährten Gelierzucker noch eine Sorte, die so stark mit Fruchtsäuren, Pektin und anderen Geliermitteln versetzt ist, daß nur 500 Gramm davon für 1 Liter Saft ausreichen. Man darf allerdings nicht übersehen, daß dadurch auch weniger Gläser voll werden! Der Quittensaft ist ziemlich hell in der Farbe. Wenn man einen Schuß roten Weinessig zugibt (und entsprechend weniger Saft nimmt), wird die Farbe schöner und der Geschmack intensiver. Saft und Zucker werden zusammen aufgekocht, unter beständigem Rühren 4 bis 5 Minuten am Kochen gehalten, dann der Schaum abgenommen und das Gelee in heiße Gläser abgefüllt.

Buttenmus

wird aus Hagebuttenmark gemacht. Das heißt hier *Hägemark* und ist unter diesem Namen auch auf dem Markt zu kaufen. Bereitet man es selbst zu, sammelt man schöne, reife Früchte von den wilden Rosen und schneidet ihnen Blüte und Stiel ab. In einem irdenen Geschirr läßt man sie 14 Tage zugedeckt stehen. Dann werden sie mit so viel

Wasser aufs Feuer gestellt, daß sie davon gerade bedeckt sind, und weichgekocht. Noch warm treibt man sie durch ein feines Sieb. (Die zurückbleibenden Körner trocknet man im Backofen. Sie geben guten Tee, wenn man sie 7–10 Minuten abkocht!) Das Hägemark oder, wie man in der Schweiz sagt, der »Buttenmost« wird mit dem gleichen Gewicht Zucker verrührt. Man kann Zitronenschale oder ganzen Zimt und ein paar Nelken dazugeben. So läßt man es unter Rühren 5 Minuten kochen und füllt es heiß in die vorbereiteten Gläser. Es ist ein säuerlich-erfrischender Brotaufstrich, und für verschiedene Gebäcksorten muß man es sowieso im Haus haben.

Erdbeermarmelade mit Rhabarber

Reine Erdbeermarmelade ist oft sehr süß. Deshalb nehme ich nur 330 g Erdbeeren und koche 170 g feingeschnittenen Rhabarber mit 170 g Zucker zuerst und gebe die Erdbeeren mit 330 g Zucker dazu, wenn er musig weich ist.

Übrigens kann man alle Früchte zusammen einkochen, die zur gleichen Zeit reif sind. Man soll nur nicht meinen, zu Marmelade könne man das Obst noch brauchen, das für etwas anderes nicht mehr taugt. Daran liegt es oft, wenn gut gekochte Marmeladen schimmeln oder gären!

Zwetschgenmus

macht man in Jahren mit reichem Zwetschgensegen. Da entsteint man 4–5 kg späte, reife Früchte, treibt sie durch den gebrühten Fleischwolf und kocht sie weich. Dann gibt man 500 g Zucker dazu, auch eine Stange Zimt und 2–3 Nelken. Und nun kocht man das Mus auf schwacher Hitze so lange, bis der Löffel darin stehen bleibt. Dann füllt man es in mittelgroße Steinzeugtöpfe und stellt sie auf einen Rost in den Backofen, bis sich – bei schwacher Hitze! – oben eine leichte Kruste gebildet hat. Dann kann man die »Häfen« zubinden. Nicht gerade alt-ehrwürdig, aber bei Liebhabern aparter Marmeladen längst erprobt und eingebürgert ist

Hagebutten-Tomatenmarmelade

Dafür kocht man 500 g Hagebutten in ⅛ l Cidre (Apfelwein) weich und streicht sie dann durch ein Sieb. 500 g fleischige Tomaten werden in kochendem Wasser *geditscht,* damit sich die Haut ablösen läßt. Dann werden sie entkernt und ebenfalls durchs Sieb gestrichen. Das Mus beider Früchte wird mit einer kleinen Prise Ingwerpulver und dem Abgeriebenen von einer halben Zitronenschale auf ½ l eingekocht. Dann kommen 500 g Gelierzucker dazu, und man kocht alles 5 Minuten. Wenn die Gläser mit der heißen Marmelade gefüllt sind, wird die Oberfläche mit etwas Calvados (Apfelschnaps) beträufelt und sofort verschlossen.

Tannensirup

machten die Schwarzwälder früher auch, bis dieser Waldfrevel verboten wurde. Drum schreibe ich auch nicht auf, wie man's macht, obwohl ich's weiß!

In den bereits viel besprochenen Steinguttöpfen, den *Häfen,* wird auch das *Süß-Saure* und das in Essig Eingemachte aufbewahrt: die guten, leider selten gewordenen typischen Beilagen zu gekochtem Fleisch und Wildgerichten.

Preiselbeeren

Unsere Schwarzwälder Preiselbeeren sind klein und fest, und alle unreifen, *Schnallen* genannt, müssen herausgelesen werden, weil sie das Kompott bitter machen. Für 3 l gewaschene Beeren läutert man 750 g Zucker in ¼ l herbem Rotwein oder Weinessig, gibt die Beeren samt einer Stange Zimt zu, kocht sie 10 Minuten und nimmt sie dann mit dem Schaumlöffel aus dem Saft und füllt sie in den Steintopf. Die Flüssigkeit läßt man noch 10 Minuten einkochen und gießt sie dann heiß über die Beeren. Wem Preiselbeeren so eingekocht zu herb schmecken, koche eine reife geschälte Williams Christbirne mit!

Süß-saure Gurken

Manchmal erwischt man sie noch auf dem Markt bei einer Bauersfrau, die dicken, gelben, vollreifen *Samengurken!* Man schält sie von der Blüte zum Stiel und schneidet sie der Länge nach in zwei Teile. Mit einem silbernen Löffel schabt man das Kernhaus heraus. Dann werden die Gurkenhälften in 2 cm dicke Streifen geschnitten, fest in eine irdene Schüssel geschichtet und mit so viel mildem Weinessig übergossen, daß sie gerade bedeckt sind. So bleiben sie zugedeckt 3 Stunden stehen. Nun schüttet man den Essig in ein Gefäß ab und wiegt die Schnitze. Auf 1 kg Gurken läutert man in 1 l Essigbrühe 500 g Zucker (notfalls mit frischem Essig die Brühe ergänzen!) *zur kleinen Perle,* gibt die Schnitze hinein und 4 Nelken, 2 Stangen Zimt und die sehr dünn abgeschälte Schale von einer halben Zitrone. Die Gurken müssen so lange sanft in der Flüssigkeit kochen, bis sie mit mit einem Holzstäbchen durchstochen werden können und glasig aussehen. Dann kann man sie mit der Brühe in einen Steinguttopf füllen und nach dem Erkalten mit Pergamentpapier zubinden.

Süß-saure Zwetschgen

Dafür sucht man von einer späten Sorte große, feste Früchte aus, die noch den Stiel haben. 2 kg davon werden trocken abgerieben und 4–5mal eingestochen. (Dafür habe ich mir durch einen Korken 5 Zahnstocher gebohrt und muß damit nur 1mal stupfen!) So behandelt werden die Zwetschgen in eine irdene Schüssel gelegt. ½ l Essig, ¼ l Wasser, 2 Stangen Zimt, 4 Nelken und 1 kg Zucker kocht man miteinander auf und schüttet diese Lösung, wenn sie kalt ist, über die Früchte. Nach drei Tagen wird die Flüssigkeit abgeschüttet, aufgekocht und lauwarm über die Zwetschgen gegossen. Am 4. Tag wird sie wieder zum Kochen gebracht, 8–10 Zwetschgen einmal darin aufgekocht, die Früchte herausgenommen und in den Steintopf gelegt. So macht man es nacheinander mit allen Zwetschgen. Zum Schluß kocht man die Flüssigkeit noch 5 Minuten ein, schäumt sie ab und gießt sie über die Früchte. Ist alles wieder kalt, bindet man den Topf mit doppeltem Butterbrotpapier zu.

Von diesen süß-sauren Beilagen kann man Früchte portionsweise entnehmen. Man muß nur dafür sorgen, daß immer so viel Flüssigkeit im Topf bleibt, daß die verbleibenden nicht austrocknen können. Die Töpfe müssen natürlich auch immer sofort wieder zugebunden werden.

Vogelbeerkompott

Aus Vogelbeeren kann man Kompott kochen wie Preiselbeeren; der Geschmack ist allerdings nicht so kräftig und apart.

Viel interessanter ist ein altes Rezept für Kompott aus der sogenannten Schwedischen oder Mährischen Vogelbeere. Das ist eine Bastardsorte aus der Mehlbeere und der bei uns am meisten verbreiteten Eberesche. Man findet sie manchmal wild, oft aber in Parks und Gärten angepflanzt. Die Früchte sind größer, süßer und mehr orangefarben. Nicht nur, daß die Vögel diese Früchte besonders schätzen, macht es schwierig, die Beeren reif zu finden; die Bäume gehören auch meistens jemand! Falls man nun aber solche Vogelbeeren hat, macht man sie so ein:

Sie werden abgezupft, gewaschen und in wenig kochendes Wasser gelegt. Nach 10 Minuten schüttet man sie ab. Inzwischen hat man 300 g Zucker in ½ l Wasser aufgekocht und kalt werden lassen. In diese Lösung kommen die vorbereiteten Beeren und bleiben so 24 Stunden stehen. Am nächsten Tag schichtet man die Beeren so dicht wie möglich in kleine Gläser und füllt mit Zuckerlösung bis zum Rand auf (Gläschen von Babynahrung eignen sich gut!). Bei 85° sterilisiert man die Gläschen dann 30 Minuten lang. Ein sehr gutes Kompott zu Fleisch und Wild gibt es auch, wenn man abwechselnd ebenso vorbereitete kleine Birnen (geschält und geschnitten) mit Vogelbeerenlagen in Gläser schichtet.

Essiggürkle

100 Stück gleichmäßige kleine Gürkle (Cornichons) wäscht man, läßt sie abtropfen, legt sie in eine irdene Schüssel und bestreut sie gut mit Salz. Nach 24 Stunden reibt man Stück für Stück mit einem Tuch ab und schichtet sie mit unzerschnittenem Estragon, Dill samt Blüte oder Fruchtstand und geschälten Perlzwiebeln in einen Steintopf, so, daß wenig Zwischenräume entstehen. Gut 1 l milden, abgekochten Weinessig gießt man kalt darüber. Am nächsten Tag wird der Essig abgegossen, aufgekocht und heiß über die Gürkle gegossen. Nach wieder 24 Stunden bringt man den Essig in einem Emailletopf zum Kochen, gibt etwa 15 Gürkle hinein, läßt sie einmal aufkochen und legt sie mit dem Schaumlöffel wieder in den Topf. Die Gewürze können nicht mitgekocht werden! Man legt sie wieder zwischen die Gürkle und schüttet zuletzt den Essig darüber. Man kann die Gürkle jetzt noch sterilisieren. Bewahrt man sie im Steintopf auf, muß die Oberfläche mit Scheiben von frischem Meerrettich belegt werden, und ein Säckle mit Senfkörnern gehört auch drauf, bevor der Topf zugebunden wird.

Rahnen oder Rotrüben

muß man ebenfalls nicht sterilisieren, wenn man die gekochten, geschälten und in Scheiben geschnittenen Rüben mit einem Sud von 1 Glas Essig, 1 Glas Wein, 1 Glas Wasser, Nelken, Salz, Lorbeerblatt und Koriander heiß übergießt. Zucker und Zwiebel darf nicht dazu! Sind die vorbereiteten Rahnen dicht in den Topf geschichtet, reicht die Flüssigkeit für ungefähr 1 kg, um sie zu bedecken.

Zum Schluß

Es ist mir schon immer unverständlich gewesen, weshalb Hausfrauen auf ihren Spezialrezepten »hocken« und sie sozusagen mit ins Grab nehmen wollen, als gäbe es sonst zuviel Gutes auf dieser Welt!
Ich habe hier bestimmt einiges verraten, was mit den Hütern der geheimen Weisheiten hätte in die Grube fahren müssen (auf daß, wenn schon nicht ihnen selbst, ihrem guten Essen nachgetrauert werde!). Nun, ich mache sie auf diese Weise ein wenig länger »unsterblich« – das hoffe ich wenigstens.
Da ich viel aus alten Aufzeichnungen entnommen habe, aber nur die Maße und Gewichte »übersetzen« wollte, ist das Ganze nicht unbedingt einheitlich. Z. B. kam keine immer auf die gleiche Personenzahl berechnete Mengenangabe zustande. Ich hätte sonst noch mehr von der persönlichen Diktion der Verfasser, den sprachlichen Einflüssen ihrer engeren Heimat und dem Zeitgeist ihrer Generation opfern müssen als ohnehin nötig war, damit die Heutigen alles verstehen und nachkochen können.
Die sehr alten Gerichte erkennt man an ihren fantasievollen Namen. Später hat man auf die teils poetischen, teils derben Bezeichnungen zugunsten platterer, aber allgemein verständlicher verzichtet.
Alte Kochbücher haben einen eigenen Charme und verbreiten nostalgische Gefühle. Man sieht sie beim Lesen vor sich, die züchtige, tüchtige Hausfrau mit gestärkter weißer Schürze und vor Kochlust und Herdfeuer hochroten Backen! Und wie die stets vorhandenen »Mädchen« und »Töchter« lernbegierig um sie herumflitzten, während die Männlichkeit in Hausrock und Pantoffeln hinter der Zeitung auf den Beginn der Mahlzeit wartete! Wer aber will im Ernst das Rad der

Küchenzeit zurückdrehen? Und wer will um Himmelswillen noch wissen, wie man Eichhörnchen brät oder das Fastengebot damit umgeht, daß man mit Fischottergehacktem die Pfannenkuchen füllt, nur, weil im Name der erlaubte Fisch vorkommt? Wir wissen ja auch, wie es hinter der weißgestärkten Fassade teilweise aussah, und wollen das alles so nicht wiederhaben!

Aber festzuhalten, was an Erhaltenswertem einer Landschaft eigen ist, das ist in unserer international uniformierten Welt nötiger als früher. Außerdem geben die Essensgewohnheiten der fest ansässigen Bevölkerung manchen Aufschluß über ihre Sitten und Gebräuche, also über ihre Kultur und den Charakter ihrer Menschen.

Es gibt Leute, für die das Essen und Kochen nur eine lästige Notwendigkeit ist und die dringend darauf warten, daß ein Ersatz dafür erfunden wird. Und es gibt Leute, die nur das für nachkochens- und verzehrenswert halten, was exotischer Herkunft ist oder in exklusiven Restaurants von berühmten Köchen kreiert wurde. Für diese Zeitgenossen sind diese Rezepte nicht zusammengetragen worden.

Aber es gibt immer mehr Menschen, alte und vor allem junge, die wieder auf den Geschmack der ehrlichen, meist einfachen Gerichte kommen, die in unserer Region zu Hause sind. Für sie und alle die Gäste, denen es bei uns geschmeckt hat, ist diese Sammlung zustande gekommen und sind die Rezepte »handlich« gemacht worden.

Vielleicht bekommt dieses Büchlein auch ein Gastronom in die Hand, der sich entschließen könnte, seinen einheimischen und durchreisenden Gästen vorzusetzen, was die alemannische Küche zu bieten hat. Vor allem auf unserer Rheinseite ließe sich damit eine unverständliche und schmerzliche Lücke im gastronomischen Angebot unserer so gastfreundlichen Städte im Dreiländereck schließen.

Über mich:

Jahrgang 1922, in Villingen geboren und aufgewachsen. Daheim lernte ich, was ich über Pflanzen, Steine, Heimatgeschichte, Gärtnern und Einkochen weiß, auch Ski- und Schlittschuhfahren.
In der Schule kamen Lesen und Schreiben und – mühsam – Rechnen dazu, im Gymnasium dann Latein und neue Sprachen, Tanzen, Musik und Sport.
Und im Arbeitsdienst im Schwäbischen lernte ich jede Art Feldarbeit, Fahren mit Pferdewagen und Spätzlemachen, im »Kriegshilfsdienst« dann noch, was man als Hilfs-Kindergärtnerin brauchte.
An der Tübinger Uni war ich für Medizin inskribiert, trieb mich aber mehr in philologischen und philosophischen Vorlesungen herum.
Als mich der Krieg nach Mähren verschlug, hatte ich die tschechische Sprache, die böhmischen Knödel und viel Musik dazuzulernen.
Und dann heiratete ich in eine Freiburger Kaufmannsfamilie und stand schon wieder ungebildet vor neuen Gedankengängen. Meine sechs Kinder aber stellten mich vor die umfassendsten Lernvorgänge, und ich habe es nie bereut, daß sie mich um akademische Titel brachten. Immerhin habe ich zwei Prüfungen geschafft: eine zur Ausbildungsbefähigung für Haushaltslehrlinge (als die Hausgehilfinnen rar wurden) und eine zur Betreibung einer Gaststätte (als ich da einspringen mußte)!
In neuester Zeit lerne ich, wie Bücher gemacht werden, und eigentlich möchte ich gern zeichnen können.